@searching
DESIRRÊ

Minha jornada pela liberdade

DISRUPTalks, 2023 – Todos os direitos reservados.

© Desirrê Freitas

Editora Executiva: Caroline Dias de Freitas
Coordenação Editorial: Valentina Squadroni
Assistente Editorial: Giulliana Leão
Assessoria Jurídica Editora Reflexão: Luciano Tadeu Telles
Escritório Cível: Marinello Advogados
Escritório Criminal: KTM - Karin Toscano Mielenhausen Advocacia Criminal
Make e Cabelo: Roberto Narciso
Foto da Capa: Andrea Maximiano (@seelefotos)
Assessoria de Imprensa: Agência Vetor.am
Revisão: Camila Del Manto
Diretor de Arte: César Oliveira
Impressão: Gráfica

1ª Edição – Dezembro/2023

DADOS INTERNACIONAIS DE CATALOGAÇÃO NA PUBLICAÇÃO (CIP)
CÂMARA BRASILEIRA DO LIVRO, SP, BRASIL

Freitas; Desirrê.
　Searching Desirrê: Minha jornada pela liberdade / Desirrê Freitas. -- 1. ed. -- São Paulo: Editora Reflexão, 2023.

ISBN: 978-65-5619-149-2
192 páginas.

1. Experiências - Relatos 2. Freitas, Desirrê 3. Histórias de vidas 4. Mulheres - Biografia 5. Narrativas pessoais 6. Superação I. Título.

23-178326　　　　　　　　　　　　　　　　　　　　　　　　CDD:　　920.72

Índices para catálogo sistemático:
1. Mulheres : Biografia 920.72
Aline Graziele Benitez - Bibliotecária - CRB-1/3129

DISRUPTalks
Rua Almirante Brasil, 685 - CJ 102 - Mooca - São Paulo - SP - 03162-010
Fone: (11) 9.7651.4243
disruptalks@gmail.com – www.disruptalks.com.br

Todos os direitos reservados. Nenhuma parte desta obra pode ser reproduzida ou transmitida por quaisquer meios (eletrônico ou mecânico, incluindo fotocópia e gravação) ou arquivada em qualquer sistema ou banco de dados sem permissão escrita da Editora Reflexão.

@searching DESIRRÊ

Minha jornada pela liberdade

DESIRRÊ FREITAS

Aos meus pais, que sempre fizeram tudo por mim e me acolheram com todo o amor quando voltei ao Brasil. Obrigada por nunca deixarem de acreditar em mim. Amo vocês incondicionalmente.

A todas as vítimas, silenciadas ou não, que venceram probabilidades. Vocês são guerreiras e suas vidas importam. Meu coração está com vocês.

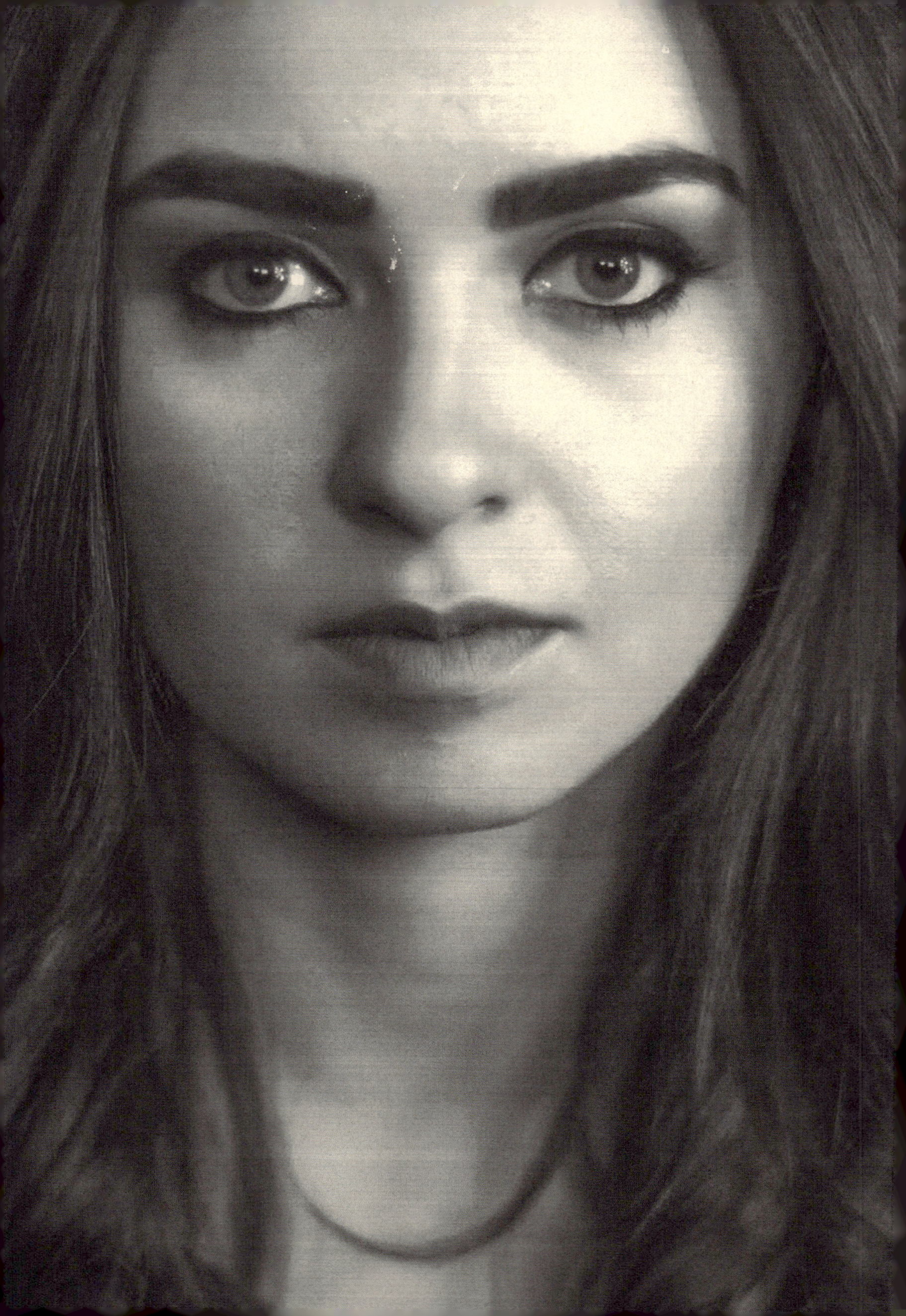

AGRADECIMENTOS

Primeiramente, agradeço a Deus por toda a proteção durante o ano de 2022.

Agradeço aos meus amigos e familiares, que movimentaram a internet com a campanha *@searchingdesirre* e não desistiram até me encontrar. Obrigada por sua persistência, ajuda, apoio e compreensão.

Agradeço as orações, ligações e a todos que me escreveram ou tentaram me mandar mensagens de apoio. Vocês são meus anjos da guarda.

Agradeço a todos que acreditaram em meu potencial e disseram "sim" ao longo da minha jornada.

À minha amiga e editora Carol, pela amizade de anos e por acreditar em minha missão. Foi muito desafiador contar em detalhes o que passei. Não me sentiria segura se não fosse com você. Agradeço pela oportunidade de contar a minha história.

Às minhas advogadas criminalistas Karin Toscano, Thaís Resende e Michelle Lopes, pelo trabalho árduo, dedicação, atenção e cuidado. Vocês estão fazendo tudo com excelência. Não poderia estar em melhores mãos. Minha eterna gratidão.

Aos advogados cíveis Luiz Marinello, Nicole Magalhães, Renata Fava, Bruno Hideki e Isabella Estabile, pelo cuidado, orientação e horas dedicadas.

À equipe editorial, Valentina Squadroni e Giulliana Leão, pela paciência e trabalho árduo para chegarmos à finalização desta obra. À fotógrafa Andréa Maximiano e ao designer César Oliveira, pelo trabalho impecável da capa. Agradeço também ao maquiador e cabeleireiro Roberto Narciso, que me preparou para a foto.

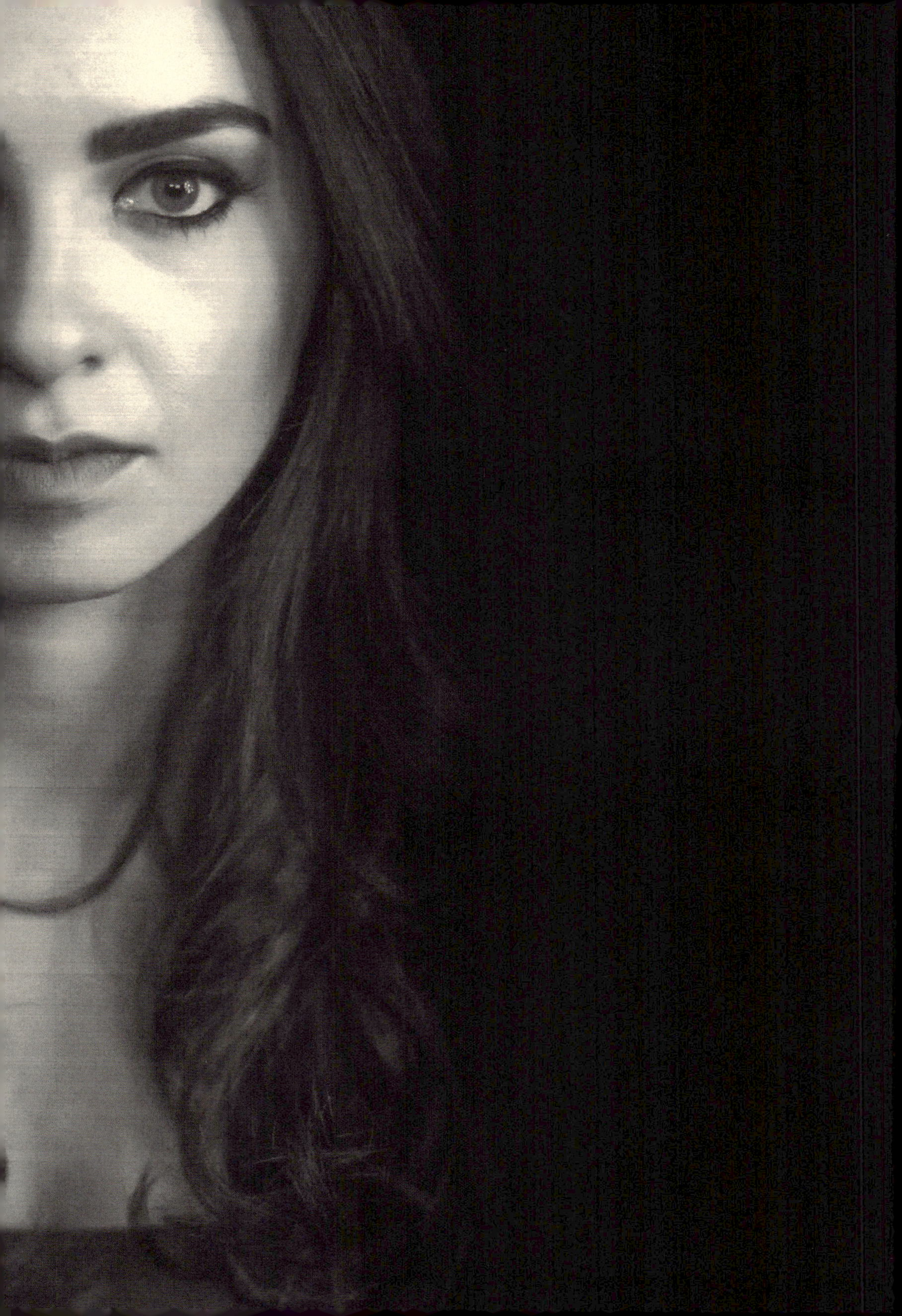

SUMÁRIO

AVISO IMPORTANTE: 10

PREFÁCIO 13
    Por Dra. Karin Toscano Mielenhausen

INTRODUÇÃO | Eu cobro U$ 1000 17

CAPÍTULO 1 | Expandindo horizontes 19

CAPÍTULO 2 | Vivendo um dilema 35

CAPÍTULO 3 | Perdida na ilusão 55
    PARTE I - Descobrindo uma nova realidade 55
    PARTE II - Tudo ou nada 85
    PARTE III - Em quem confiar? 129

CAPÍTULO 4 | Encontrando clareza na escuridão 147

CAPÍTULO 5 | Paz interior é a verdadeira liberdade 161

POSFÁCIO 169
    Por Dr. Rodolfo Furlan Damiano

O que aconteceu comigo, segundo o relato de pessoas próximas: 176

AVISO IMPORTANTE:

Este livro discutirá as experiências de uma jovem vítima de tráfico humano, fraude espiritual para formação de seita, abuso emocional, estupro, situação análoga à escravidão e uso de entorpecentes. Isso pode desencadear gatilhos em leitores com experiências semelhantes.

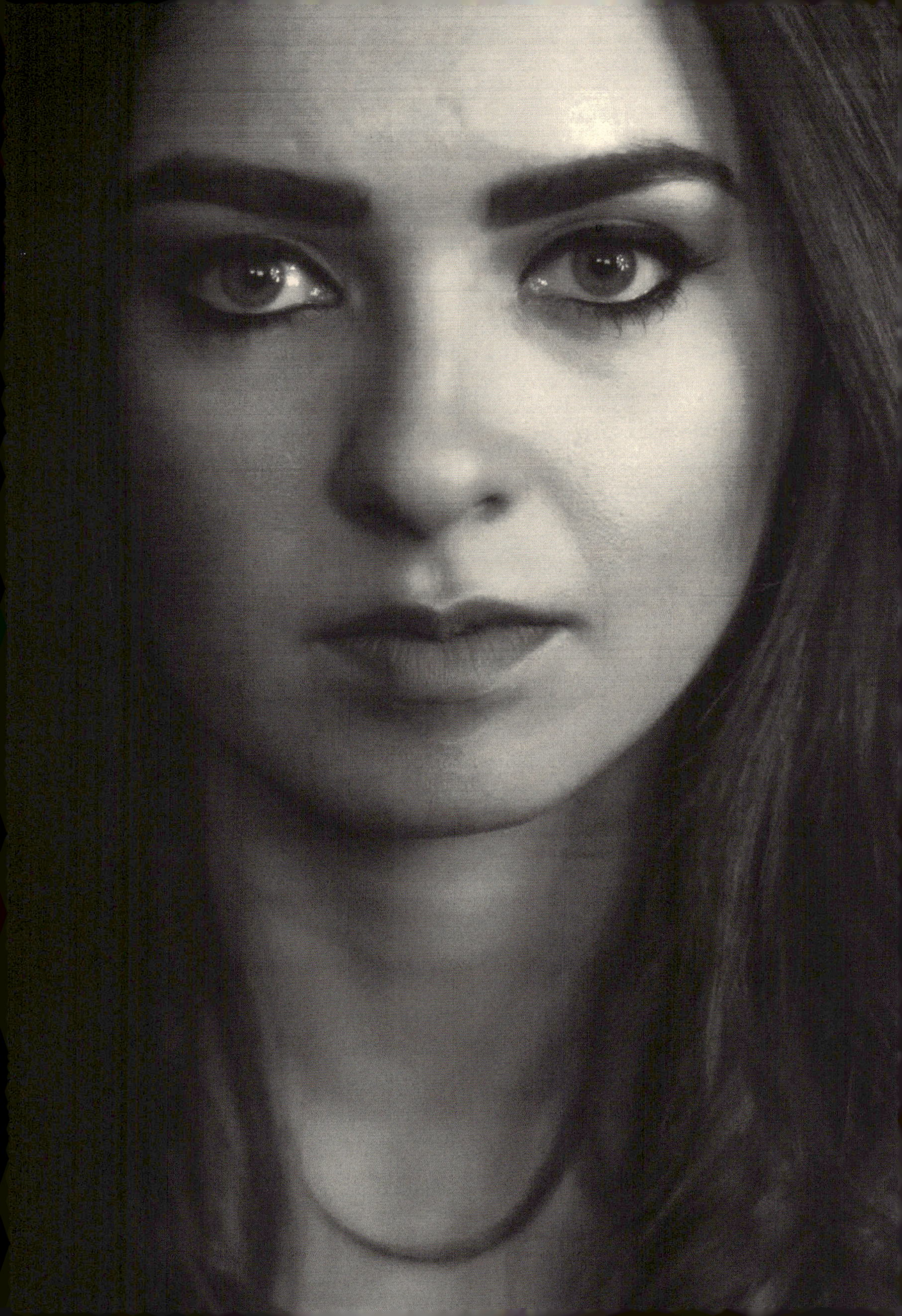

Esta é a minha história.

Todos os nomes citados foram modificados e alguns detalhes da história foram alterados para preservar a intimidade de terceiros, mas não mudam o conteúdo dos atos praticados por Katiuscia Torres.

Em relação às demais vítimas, por estrito respeito às suas dores, seus relatos e nomes foram ocultados e/ou modificados desta obra.

Este livro foi o meu processo de cura e cada vítima tem o seu.

Os eventos narrados se iniciaram durante uma relação que eu acreditava ser genuína com uma pessoa de extrema confiança, até descobrir a verdade e suas reais intenções.

Qualquer semelhança com a realidade é mera coincidência.

PREFÁCIO

Quando Desirrê procurou nosso escritório, imediatamente nos sensibilizamos com a história. Como advogadas militantes na área criminal, sabemos a dificuldade das vítimas de romperem o silêncio, principalmente no caso de crimes que atingem a dignidade sexual. Desirrê foi além: não apenas teve a coragem de enfrentar sua opressora nos autos da Ação Penal, buscando justiça por tudo o que passou, como também decidiu trazer sua história a público, em um processo terapêutico de cura, tendo como principal objetivo estimular outras mulheres para que elas não passem pela mesma situação.

Em tempos de redes sociais e *fake news*, percebemos o crescimento da influência de tudo o que é divulgado nas mídias. Criam-se falsas impressões de perfeição, sucesso e felicidade, que levam os indivíduos a sentirem um vazio em suas vidas e seguirem falsos gurus que, identificando os pontos fracos e traumas de seus guiados, vendem soluções fictícias para todos os problemas em benefício próprio.

Quando menos percebem, os seguidores renunciam à sua individualidade e às crenças para obedecerem de forma incondicional às orientações passadas, muitas vezes abandonando sua vida e essência para iniciar uma nova realidade, de dedicação e devoção. É a consequência do triste processo de isolamento que a rede social traz para as gerações já inseridas no contexto virtual.

Esse tipo de situação não é novidade na história da humanidade, pelo contrário. A busca por um salvador sempre esteve presente, apresentando vertentes variadas e, é importante ressaltar, não necessariamente negativas. Contudo, com o advento da internet e a popularização das redes sociais, as fronteiras geográficas deixaram de existir e o alcance das palavras não pode mais ser medido.

Dentro desse contexto, surge uma situação de extrema gravidade: o tráfico de pessoas, consistente no nosso sistema penal por meio das condutas de agenciar, aliciar, recrutar, transportar, transferir, comprar, alojar ou acolher pessoa, mediante grave ameaça, violência, coação, fraude ou abuso, com a finalidade de remover-lhe órgãos, tecidos ou partes do corpo; submetê-la a trabalho em condições análogas à escravidão; submetê-la a qualquer tipo de servidão; adoção ilegal; ou exploração sexual (Código Penal, art. 149-A). Essa captação de vítimas pode, da mesma forma, ocorrer por meio de falsas promessas de sucesso nas redes sociais.

Conforme dados da Organização das Nações Unidas (ONU) sobre tráfico de pessoas, mundialmente são movimentados, por ano, 32 bilhões de dólares, dos quais 85% são decorrentes de exploração sexual[1].

Algumas situações de tráfico humano podem ser reconhecidas, pois se pautam em práticas mais ostensivas, como o confisco dos documentos da vítima, seu impedimento de contato com o mundo exterior e ameaças dos mais variados tipos. Tais condutas podem ser combatidas com maior eficiência, já que são mais facilmente identificadas pelas autoridades.

Contudo, existe uma situação de igual gravidade e ainda mais perniciosa: o **tráfico mediante fraude**. A vítima, induzida ao erro, aceita de forma viciada a conduta de seu agressor, sem perceber que está sendo usada e, consequentemente, sem exteriorizar ao mundo o fato de estar sendo abusada.

Talvez seja mais fácil compreender como isso ocorre quando entendemos que, em regra, os aliciadores são pessoas com vínculos familiares ou de amizade com as vítimas, existindo, portanto, **laços afetivos**. Além disso, costumam ser sedutoras, se apresentando

---

1 Fonte: https://www.cnj.jus.br/programas-e-acoes/trabalho-escravo-e-trafico-de-pessoas/trafico-de-pessoas/. Acesso em 04.06.2023.

como empresários com boas propostas de emprego, que proporcionariam à vítima uma expectativa de futuro melhor[2].

Reconhecer e aceitar ter sido vítima de tal situação exige tempo e força, e é disso que este livro trata.

Kat Torres primeiro se aproximou como *life coach* de Desirrê, entendeu suas fragilidades e ambições e, quando já havia se estabelecido como sua mentora e a afastado de todas as pessoas próximas, iniciou sua prática de abusos.

Desirrê teve a sorte de contar com pessoas que a amavam e que não desistiram de resgatá-la da situação em que se encontrava. Só depois de muitos dias na solidão da cadeia, pôde se dissociar da personalidade de sua opressora e compreender tudo o que havia vivido.

Nem todos têm essa sorte, assim, que este livro possa servir de alerta a vítimas, seus amigos e parentes, para que reconheçam essas situações e denunciem, evitando a manutenção da exploração.

Por Dra. Karin Toscano Mielenhausen
Advogada criminalista, especialista em Direito Penal e Processo Penal pela PUC/SP e Mestranda em Processo Penal pela USP

---

2 Fonte: https://www.cnj.jus.br/programas-e-acoes/trabalho-escravo-e-trafico-de-pessoas/trafico-de-pessoas/. Acesso em 04.06.2023.

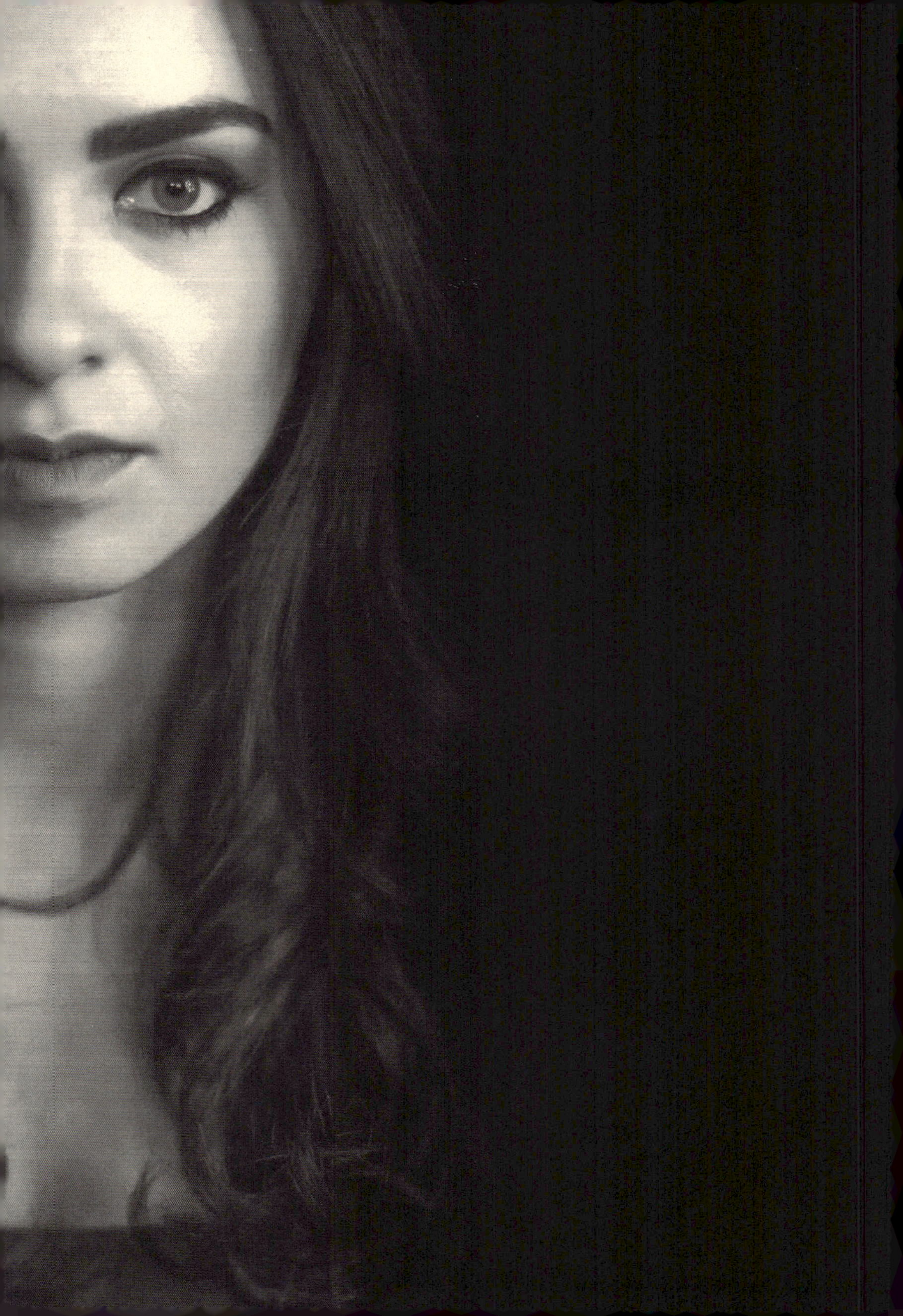

INTRODUÇÃO
EU COBRO U$ 1.000

Sem ao menos absorver a situação, essa frase saiu da minha boca. Demorei alguns segundos para compreender a real gravidade do que tinha acabado de fazer. O cliente já tinha aceitado. Senti medo, angústia e lembro-me de engolir em seco durante o trajeto. Não havia mais volta, precisava terminar aquilo e ir embora o mais rápido possível.

Ele decidiu para qual hotel iríamos e pediu para que me trocasse no banheiro do saguão, enquanto ele tomava uma dose de whisky no bar. Não fazia ideia de qual roupa usar ou de como me comportar naquele momento. Levei na bolsa um vestido preto curto, que valorizava meu corpo e minhas pernas.

Tive medo de que alguém pudesse me identificar como garota de programa no hotel. A impressão era de que minha vida estava sendo dividida em duas partes. Na segunda, eu havia virado prostituta.

Olhei-me no espelho do elevador enquanto subíamos para o décimo andar, tentando encontrar vida por trás dos meus olhos. Será que é isso? Agora essa é a minha vida, minha profissão? Será que ainda daria tempo de correr, gritar e pedir ajuda? Para quem? Ninguém acreditaria em mim! Se alguém descobrisse o que eu estava fazendo, poderia me denunciar; no Texas, prostituição é crime. Assim, seria presa em flagrante e deportada.

Em frente ao quarto 1012, ele retirou o cartão do bolso, abriu a porta e, assim que entrei, já começou a arrancar a minha roupa. O cara, que aparentemente era tranquilo e tímido, em segundos se tornou perverso e violento. Sua agressividade me assustou, tive

medo: de algo acontecer comigo, de ser estuprada e de ele querer me matar.

Ele me encarava com um olhar impiedoso e eu sabia que teria uma longa hora pela frente. A brutalidade com a qual me jogou na cama definiu nosso encontro; ele usufruiu de cada segundo, me objetificando ao máximo.

Após terminar, me encolhi embaixo do lençol, me sentindo usada e violada. Imaginei que ele estaria satisfeito, que seria o fim do encontro, mas era apenas o começo. Ele quis fazer tudo novamente, mas filmando. Quando recusei, ficou ainda mais agressivo. À medida que exercia sua força contra meu corpo, eu me questionava se realmente estava disposta a abrir mão do que restava da minha dignidade para seguir Kat e enriquecermos juntas. Lembrava de minha família, amigos e da vida que deixei na Alemanha, mas precisava focar em meus objetivos. Sabia que aquela uma hora ficaria marcada pelo resto da minha vida.

Eu estava em uma cidade desconhecida, em um hotel esquisito, transando com um estranho com o qual jamais me envolveria se não fosse por dinheiro. Esses fatos, alguns meses antes, seriam completamente inadmissíveis para mim.

Quando acabou, fui direto para o banho e me esfreguei com uma bucha, até conseguir ver marcas vermelhas espalhadas por todo meu corpo. Tentava tirar aquilo de mim, esfregar até que o cheiro daquele homem saísse completamente. Quando minha pele começou a arder, sentei-me no chão da banheira, segurei meus joelhos e deixei as lágrimas escorrerem. Não importava o quanto lavasse meu corpo, as memórias não iriam embora. No chão, inconsolável, a única pergunta que vinha em minha mente era:

"Como eu vim parar aqui?"

CAPÍTULO 1
EXPANDINDO HORIZONTES

"Às vezes, não percebemos as bênçãos que temos até que não as tenhamos mais"

Catherine Pulsifer

Minha história começa quando decidi que conheceria o mundo. Assim que me formei no ensino médio e estava prestes a atingir a maioridade, meus pais me presentearam com meu primeiro intercâmbio. Meu destino era o Canadá, mais especificamente, Vancouver. Em fevereiro de 2014, com quase 18 anos, embarquei nessa grande aventura. O planejamento era ficar apenas nove meses, que se tornaram quase cinco anos.

No dia anterior ao embarque, mal conseguia dormir. Passei a noite em claro, elaborando os possíveis cenários dos próximos meses. Finalmente teria a liberdade que sempre almejei: "Será que minhas expectativas seriam superadas? Será que farei amizade com pessoas de outros países?". Deixei minha imaginação ir além, mas uma coisa era fato: o sorriso não saía do meu rosto! Seria minha primeira viagem internacional.

A caminho do aeroporto, o trânsito estava intenso. Meus pais não paravam de me dar recomendações e eu tentava interagir, mas só queria chegar logo e entrar no avião.

Vinte horas depois, aterrizei em Vancouver. Meu desafio no aeroporto era encontrar o responsável pelo *transfer* do grupo de alunos recém-chegados para suas casas. Fui a última a ser deixada e pude apreciar a paisagem da cidade, notando as diferenças em relação a São Paulo.

Chegando em minha *homestay*, a *host mother* canadense me mostrou a casa, falou das regras e me levou ao quarto. Assim que entrei, comecei a desfazer as malas e, ao abrir a cortina para conferir a vista do meu quarto, vi que estava começando a nevar. Foi inesquecível ver neve pela primeira vez! Saí para o jardim para senti-la de perto e parecia surreal. Deixei o Brasil no auge do verão e cheguei ao Canadá no ápice do inverno.

Inicialmente, o plano era estudar inglês para me tornar fluente e trabalhar. Estava hospedada fora do centro da cidade e meus deslocamentos eram de, no mínimo, meia hora, mas esses minutos ficavam mais longos quando chovia. Brincávamos que a cidade não se chamava Vancouver, mas sim Raincouver[3].

Vancouver é uma das cidades mais lindas e modernas que já visitei. Poucos lugares conseguem ter montanha, praia e um grande centro. No inverno, temos a visão das montanhas cobertas de neve; no verão, várias praias e parques incríveis para visitar. Ao mesmo tempo, por ser um grande centro econômico, não faltam oportunidades de trabalho. Não é difícil se apaixonar por essa cidade.

Tive a oportunidade de fazer uma viagem às Canadian Rocky Mountains, na província de Alberta, e foi uma das paisagens mais espetaculares que vi em minha vida. As montanhas, a floresta e o lago se unem, como pintura em tela. Fiquei completamente anestesiada. O parque nacional, chamado Banff, é a atração principal; lá, podem ser encontradas diversas espécies de animais, em um lindo ecossistema. Minha visita foi durante o verão, quando se tem a melhor vista, porque os lagos, Lake Louise e Peyto Lake, ficam completamente azuis. É indescritível!

---

3 Gíria que une as palavras "Vancouver" e "Rain", chuva em inglês. A região possui uma média de 161 dias chuvosos por ano, equivalente a 45% do período.

Minha experiência morando no exterior foi transformadora, sentia que pertencia ao estrangeiro e que meu futuro estava no Canadá. Quando meu intercâmbio chegou ao fim e voltei ao Brasil, não me adaptei, tive depressão, só chorava e não saía do quarto, então decidi que retornaria. Em julho de 2015, dei continuidade à melhor experiência da minha vida e iniciei os estudos de *Business Management* em Vancouver, com objetivo de entrar no mercado de trabalho canadense e iniciar minha carreira internacional. Nessa época, comecei a trabalhar em uma loja de lingeries como assistente de vendas.

Fiz amizade com pessoas de todos os lugares do mundo, e meus amigos se tornaram minha família. Em setembro, conheci Matthias: um alemão de 20 e poucos anos, que também estudava e trabalhava no Canadá. Conhecemo-nos por conta de amigos em comum, em uma festa, e desenvolvemos uma grande amizade. Desde o dia em que ficamos pela primeira vez, não nos desgrudamos mais. Fazíamos tudo juntos e eu estava muito feliz, tínhamos uma conexão especial.

Nesse período, houve um corte de custos na loja em que eu trabalhava, o que me forçou a procurar outro emprego. Amava o que fazia, sempre me interessei pelo mundo da moda, além de conseguir uma grande porcentagem de desconto nos produtos. O time também ajudava a fazer com que as horas de trabalho passassem mais rápido, éramos todos unidos, mas o problema era a baixa remuneração. O que recebia não era o suficiente para me sustentar e, por vezes, tive que pedir ajuda aos meus pais para conseguir cobrir minhas despesas.

Em fevereiro de 2016, consegui um novo emprego como *hostess* em um renomado restaurante, localizado no centro de Vancouver. Foi lá que comecei a ter uma melhor remuneração.

A adaptação não foi fácil, porque o restaurante era de alta gastronomia e precisei de treinamento de etiqueta. Estava em contato direto com os clientes e tinha que saber quais eram VIPs, quem precisaria aguardar ou não pela mesa, além de cumprimentá-los formalmente. Esse trabalho me possibilitou conhecer cantores, atores e famosos produtores de Hollywood, além de pessoas poderosas e influentes na cidade. Contudo, ao mesmo tempo, me deixou exposta a algumas situações desagradáveis.

Em uma noite, um dos funcionários do restaurante comentou que, caso eu estivesse interessada, conseguiria ser a *sugar baby*[4] de um dos clientes VIP. Desconversei para não ser desagradável, mas para mim aquela ideia era repugnante. Nunca tive o menor interesse em ser bancada por ninguém, queria alcançar o sucesso por mérito próprio. Gostava de itens de luxo, queria frequentar lugares caros e sabia que tinha que trabalhar e me esforçar para ter aquela vida. Ser **independente** sempre foi primordial para mim.

Em outra ocasião, no final do expediente, uma mulher me abordou perguntando se eu tinha outros trabalhos além daquele. Disse que não, um pouco confusa sobre o motivo do questionamento. Ela perguntou se eu gostaria de conversar com um de seus amigos, que estava em uma mesa VIP. Ele tinha me visto e se atraído por mim e, caso fosse necessário, poderia pagar para me conhecer melhor. Eu a interrompi e disse que não tinha interesse naquele tipo de proposta.

Na mesma noite, a caminhada de volta para casa pareceu mais longa do que o normal. Entristeceu-me a forma como me abordaram, como se perguntar aquelas coisas fosse algo normal e corriqueiro. Ficou entalado em mim; era inadmissível alguém pensar que eu poderia fazer algo daquela natureza, como se estivesse à venda.

4 Termo utilizado para a relação entre indivíduos mais jovens, majoritariamente mulheres, que se relacionam com pessoas mais velhas e bem-sucedidas, em sua maioria, homens. De maneira geral, as meninas acabam ganhando presentes, viagens e outras benesses para se manterem na relação. Fonte: https://www.meupatrocinio.com/o-que--e-sugar-baby/. Acesso em 30.10.23.

Ao chegar em casa, entrei no banho e comecei a chorar. Era um emprego que demandava demais, era maltratada por alguns colegas que não achavam que eu deveria estar na posição de *hostess*, vários clientes eram grossos comigo e ainda tinha que tolerar esse tipo de proposta. Era muito difícil.

Normalmente, quando os clientes davam em cima de mim, eu sabia como agir. Era educada, mas não permitia que passasse de um flerte. Tinha medo de que, se os rejeitasse de forma rude, isso pudesse acabar comprometendo meu emprego, então precisava manter uma postura profissional. Deixei a água quente do chuveiro me acalmar, porque não queria perder meu trabalho.

O salário de *hostess* era ótimo, possibilitando que eu e Matthias viajássemos para o Havaí, o que foi mais um sonho realizado. Nossa estadia durou uma semana e amei cada segundo. Conhecemos praias maravilhosas, bebemos, comemos e nos divertimos. Foi nessa viagem que tive mais certeza de que o amava, cada momento que passávamos juntos era mágico. Pude conhecer o parque Haleakala, em Maui, que fica acima das nuvens, e observamos o pôr do sol. Foi uma experiência extraordinária.

Estávamos completando um ano e meio de namoro quando Matthias me disse que queria voltar para a Alemanha, pois estava insatisfeito no Canadá. Ficamos alguns meses debatendo sobre essa mudança de país. Eu já tinha planos, estava com uma faculdade à vista – queria cursar Relações Internacionais – e uma mudança repentina para a Alemanha mudaria todo o meu planejamento.

Alguns professores e conhecidos que já tinham morado na Alemanha me alertaram que era um país pouco receptivo, principalmente por não falar o idioma, assim, a adaptação não seria fácil. A decisão não era apenas entre Alemanha ou Canadá, mas também entre continuar com Matthias ou me separar dele. Decidi que daria uma chance para nós, sabia que o que tínhamos era especial e, acima de tudo, eu o amava. Voltei ao Brasil para visitar minha família antes de fazer a mudança definitiva para a Europa.

Retornei no final de 2017 e me senti um peixe fora d'água. Já tinha uma rotina no Canadá, foram quase quatro anos morando lá. No Brasil, tinha medo constante de sair na rua, imaginando que poderia ser assaltada ou sequestrada. Quando Matthias chegou na Alemanha, teve problemas de adaptação. Durante esse período, fiquei mais isolada em casa, tentando estar o mais próxima possível dele e, mesmo distante, buscava acalmá-lo e ajudá-lo.

Em março de 2018, cheguei em Hamburgo. Matthias e seus pais me receberam com um lindo buquê de flores. Eu já os tinha conhecido no verão de 2016, no Canadá, e confesso que estava bem nervosa para esse novo encontro. Queria estar impecável. Depois de efetivamente os encontrar, percebi que todo meu nervosismo foi à toa, pois eles foram extremamente gentis comigo.

Minha ida para a Alemanha coincidiu de ser próxima ao meu aniversário e, para comemorá-lo, fizemos um jantar especial em família. Na mesma semana, fizemos um tour pelo Porto de Hamburgo, que é o maior do país, e pela moderna cidade de HafenCity; caminhamos por Speicherstadt[5], patrimônio mundial da UNESCO; contemplamos o edifício neo-renascentista da prefeitura, o Rathaus, e assistimos ao pôr do sol em frente ao lago artificial Binnenalster; à noite, Matthias me levou para conhecer a vida noturna no famoso Reeperbahn[6]. Eu estava encantada com a cultura de Hamburgo e sua diversidade de canais, lagos, parques e praias.

Visitar Berlim, a capital da Alemanha, era um sonho antigo. A família dele, sabendo disso, propôs que nós dois passássemos alguns dias na casa de um parente que morava lá. Tive o privilégio de conhecer os principais pontos turísticos, lugares históricos como o Muro de Berlim, o memorial do Holocausto, o Checkpoint Charlie

---

5 Distrito dos armazéns.
6 Distrito vermelho.

e o parlamento alemão – o Reichstag. Isso sem falar na magnífica Catedral de Berlim e o Brandenburger Tor[7], icônico cartão de visita da cidade.

Era minha primeira vez na Europa, mas não tive dúvidas de que a Alemanha era um país com uma atmosfera diferente de qualquer lugar que já havia visitado. O formato das casas, toda a arquitetura e a natureza daquele local faziam meus olhos brilharem.

Matthias e eu nos amávamos e levávamos nosso relacionamento a sério. Fazíamos planos e imaginávamos nosso futuro juntos. Queríamos nos casar e ter filhos, então decidimos formalizar nossa união.

Casamos em junho de 2018, no civil. Meus sogros me presentearam com um vestido rosa claro, de seda. Foi uma cerimônia íntima, mas magnífica. Infelizmente, meus pais e amigos não puderam comparecer. Éramos somente eu, ele e sua família, mas, mesmo assim, eles conseguiram deixar aquele dia muito especial, único e inesquecível.

Um pouco antes de a cerimônia acontecer, fiz uma chamada de vídeo com meus pais, que estavam emocionados. Perguntaram-me se eu estava com medo, respondi que não: casar com Matthias era tudo o que eu queria. Meus pais estavam tristes por não estarem comigo, mas ao mesmo tempo felizes por mim.

Pedi para minha sogra segurar o celular, para que meus pais pudessem ver o casamento, ainda que por vídeo. Quando terminou, minha mãe disse: "Você está linda, uma das noivas mais lindas que já vi! Eu te amo. Você e o Matthias serão muito felizes, que Deus abençoe vocês".

Éramos jovens e completamente apaixonados um pelo outro, minha felicidade não cabia dentro de mim. Estava casando com o

---

7 Portão de Brandemburgo.

amor da minha vida! Nossos amigos ligavam para nos parabenizar e todos acreditavam que havíamos sido feitos um para o outro.

Estava empolgada para começar minha vida de casada, mas sabia que enfrentaríamos dificuldades. Como não era fluente na língua, tinha problemas para me comunicar. Minha independência era importante para mim, portanto, mesmo trabalhando de segunda a sexta, estudava alemão cinco horas por dia. Ainda assim, saber que não poderia ir para qualquer lugar e realizar tarefas simples era angustiante. Dependia de Matthias e de sua família para tudo até aquele momento.

Os pais dele falavam inglês e se esforçavam para se comunicar comigo, diferente dos outros residentes de Hamburgo. Meus sogros eram doces e amáveis, me acolheram como uma filha. Seus familiares também eram excepcionais, por isso, sentia-me amada e aceita por todos. Mesmo tendo o carinho de sua família, foi um período em que me senti isolada. Não tinha o contato físico que gostaria com os meus amigos, e minha família não estava perto. As poucas pessoas com quem eu conversava sobre os problemas que enfrentava tentavam me confortar, mas não tinha o que ser feito.

Matthias estava passando por um momento desafiador, e isso foi difícil para o nosso relacionamento. Eu o amava e era doloroso vê-lo sofrer. Por essa razão, fazia o possível para ajudá-lo.

Nessa época, acabei tendo diversos gatilhos acionados. Meu marido não estava bem e a escola de alemão exigia muito de mim. Ainda estava aprendendo o idioma e a cultura era completamente diferente da qual eu estava acostumada, por esse motivo a sensação de não pertencimento àquele país era sufocante.

Chorava diariamente, minhas crises de ansiedade pioraram, tontura e enjoo eram constantes. Tive dores insuportáveis no pescoço e nos ombros, sentia que carregava o mundo nas costas e parte do peso era nosso relacionamento, como se fosse somente minha obrigação fazer tudo dar certo. Tinha aberto mão dos meus planos no Canadá para que pudéssemos ficar juntos.

Durante aquele ano, tive enxaqueca crônica por nove meses. Consultei diversos médicos tentando encontrar uma solução, fiz exames, mas não tinha um diagnóstico claro. Começamos a desconfiar de que a enxaqueca era causada pelo estresse, mas procurei diversos tratamentos e nenhum surtiu efeito. Até que um dia, durante minhas aulas, uma colega de sala sugeriu que eu fizesse acupuntura. Busquei saber mais sobre a prática e, após realizar algumas sessões, a dor magicamente sumiu.

Após essa melhora milagrosa, fiquei interessada em descobrir mais sobre medicinas alternativas. Pesquisei sobre meditação e elevação da consciência, a fim de expandir meus horizontes mentais e minha forma de pensar.

Durante meus dias mais tristes, passava grande parte do tempo no celular, até que me deparei com o perfil público de Kat Torres, uma *influencer* que fazia sessões de *coaching*. Já a acompanhava desde 2016, mas dessa vez decidi olhar seu perfil com mais atenção e, claro, me encantei. Vi suas postagens e parecia que ela falava diretamente comigo, tínhamos muitos interesses em comum. Sua vida parecia perfeita, ela era modelo e atriz, fazia viagens luxuosas, morava em uma cobertura maravilhosa em Nova York, era bem-sucedida e tinha um estilo de vida atraente, inspirador e saudável.

Kat tinha uma determinação admirável. Vinha de uma origem humilde, venceu diversos obstáculos para alcançar relevância e sucesso. Eu estava envolvida pela sua imagem empoderada e a via como um exemplo de superação.

Ela tinha um site com diversos vídeos e textos que falavam sobre espiritualidade, sucesso, empreendedorismo, relacionamentos, saúde mental e física, alimentação saudável e outros tópicos que entravam dentro do escopo de autoconhecimento. Assuntos que me interessavam e seguiam a mesma linha do que eu acreditava.

Ela citava *coaches* mundialmente conhecidos e muitos deles eram uma inspiração para mim.

Além disso, Kat tinha um livro publicado sobre sua vida, uma de suas páginas nas redes sociais possuía mais de um milhão de seguidores e seus vídeos tinham milhões de visualizações. Foi capa de revistas famosas e até entrevistada na TV. Ela também divulgava depoimentos de clientes que tiveram suas vidas transformadas e eram bem-sucedidas por sua causa, trazendo ainda mais credibilidade para o seu trabalho.

Li seu livro, me inscrevi em seu site e devorei seu conteúdo. Sedenta por conhecimento, comecei a entrar no mundo da espiritualidade, era fascinante. Enxergava a mim mesma em todos os detalhes dos quais ela falava. Senti-me profundamente compreendida, como nunca antes. Talvez pela barreira linguística que enfrentava na Alemanha, as palavras dela eram como uma terapia para mim, encontrava conforto nelas. A partir de seus vídeos, pude ver uma melhora nos problemas que vinha enfrentando há anos. Assim, decidi que era o momento de fazer minha primeira consulta.

Vislumbrei, por meio dela, uma solução para os meus traumas, que em sua maioria se iniciaram na infância. Precisava resolver questões internas, tanto de autoimagem e segurança, quanto de conflitos e mágoas do passado. E a minha vida em Hamburgo, que era para ser como um sonho, estava lamentável. Meu convívio com Matthias estava complicado, sabia que precisava de ajuda para conseguir manter nosso casamento. Assim, chamei-a via *inbox* e marcamos o primeiro atendimento.

Antes da data da consulta, ela pediu para que eu informasse meu signo, nome completo e solicitou que eu tornasse meu perfil na rede social público, para que pudesse analisar minha energia. No início da consulta, feita por vídeo, ela me perguntou qual tópico iríamos discutir e contei sobre os problemas que estava enfrentando na Alemanha e em meu casamento. Nesse momento, ela me pediu uma foto de Matthias, para que pudesse ver a energia dele, e imediatamente disse que não gostou do que sentiu. Falou que eu era uma pessoa boa de coração e que minha energia brilhava, mas que nossas energias — minha e do Matthias — eram incompatíveis e, caso continuasse com ele ao meu lado, minha luz se ofuscaria.

Convicta, disse que deveria me separar dele, que era nova para passar por esse sofrimento, mas não me julgaria se decidisse continuar nesse relacionamento. O poder de decisão era meu. Discordei de suas recomendações e disse que estava determinada a salvar meu casamento, não mediria esforços para continuar com o amor da minha vida.

Ao fim da consulta, ela disse que me enviaria o material com base no que conversamos e que era imprescindível seguir todos os direcionamentos à risca. Recomendou que eu ouvisse os áudios todos os dias, o máximo de tempo possível, para que a reprogramação mental necessária para as mudanças acontecesse.

Aquilo me assustou, saí da consulta trêmula e em estado de choque. Nunca passou pela minha cabeça me separar de Matthias. Sabia dos problemas do nosso relacionamento, mas não pensava em divórcio. Tive dúvidas se as palavras dela eram verdadeiras porque, se fossem, eu deveria começar a me questionar se valia a pena ou não dar continuidade ao casamento.

Em pouco tempo, percebi uma melhora significativa em nosso relacionamento. Eu estava mais calma, menos reativa e nossas brigas diminuíram, havia harmonia novamente entre nós. O resultado rápido e positivo reforçava a credibilidade de Kat Torres e me motivava a continuar as sessões.

Após algumas consultas, pediu que eu falasse mais sobre a minha infância e o relacionamento com os meus pais. Contei que, aos seis anos, eles descobriram que eu estava com leucemia. Foi uma notícia duramente imposta a nós, ninguém queria acreditar.

Como uma criança saudável poderia ser diagnosticada com um câncer tão agressivo?

Meus pais trabalhavam na área de saúde e eu estava com uma febre que não passava, às vésperas do Ano Novo, e imediatamente me levaram ao hospital. Passamos o Réveillon fazendo exames e houve uma suspeita de que eu estava com câncer. Durante a conversa com a médica, chefe do departamento de oncologia, oravam e imploravam a Deus para que o diagnóstico não resultasse em leucemia. Eles tinham conhecimento de que era um dos cânceres mais agressivos e de difícil tratamento, principalmente na infância. Assim que foi confirmada a leucemia, o mundo deles desmoronou.

Nessa época, eles passavam por problemas pessoais e tiveram que colocar tudo de lado para cuidar de mim. Precisavam me transmitir força e segurança para que me sentisse acolhida e amparada, mesmo diante de tantas incertezas.

Consegui entender a gravidade da minha doença quando as pessoas foram me visitar. A forma como me olhavam transmitia a sensação de que meu fim estava próximo e que todo aquele tratamento era em vão. Ignorar esses olhares foi difícil, mas ter coragem para não desistir foi determinante para a minha cura.

Foram dois anos e meio cruéis. Não somente tive que lutar contra a doença em si, mas também contra o *bullying* que enfrentei na escola e no prédio em que morava. Consigo compreender que não havia maldade no que me foi dito, não há como cobrar determinados comportamentos de crianças de seis anos. Porém, lembro-me, como se fosse hoje, das crianças rindo de mim. Era natural que eu estivesse careca por conta da quimioterapia, mas elas não entendiam e riam da minha situação. Meu pai, ao perceber o que estava acontecendo, foi até a escola pedir para que houvesse uma conversa com as demais crianças e, em um gesto de empatia, ele raspou sua cabeça.

A quimioterapia e os inúmeros corticoides que tomava fizeram com que eu ganhasse peso. Lamentavelmente, fui proibida pelos médicos de fazer qualquer atividade física durante o tratamento. Sentia-me péssima e com saudades de praticar esportes, sempre fui uma criança ativa. O ganho de peso e o *bullying* pioraram o meu emocional. Minha vontade de viver teve que ser maior do que todos esses obstáculos.

Durante meu tratamento, tinha certeza de que ficaria curada. Recusava-me a acreditar que partiria, ainda tão pequena e com tantos sonhos não realizados. E foi exatamente essa forma de pensar que me possibilitou imaginar um futuro, o que era quase impossível para mim.

Sou grata pelo apoio dos meus pais naquele momento delicado da minha infância. Reconheço que eles fizeram tudo por mim. Tive o privilégio de estudar em colégios particulares, fazer curso de inglês, aulas de piano e, nas férias, viajávamos pelo Brasil. Não tínhamos uma vida luxuosa, mas nunca me faltou nada. Eles fizeram todo o possível para que eu tivesse um futuro brilhante.

Minha mãe era uma inspiração. Uma mulher que veio de origem humilde e passou por muitos obstáculos para me proporcionar uma vida melhor. Ela era o pilar da nossa casa e sempre me dizia que todos os meus sonhos poderiam ser realizados se eu trabalhasse e me esforçasse.

Entretanto, com o passar dos anos, desenvolvemos grandes conflitos que se originaram, em sua maioria, por diferenças religiosas. Éramos de uma igreja conservadora e a fé sempre esteve presente em minha vida. Porém, desde pequena, não conseguia me encaixar nos padrões da igreja, pois considerava algumas regras extremas. Tudo que eu gostava era considerado pecado: os livros, as músicas, os programas de TV. Por isso, tinha que fazer tudo escondido.

A escola que eu frequentava era da mesma denominação e, portanto, todas as crianças seguiam as mesmas regras rigorosas.

Sabia que outras igrejas eram mais flexíveis, porém nunca tive o direito de escolha, pois tinha que frequentar e não podia questionar.

Cheguei a receber propostas para ser modelo, fui abordada por olheiros e agências, achei que meus pais poderiam rever algumas regras e me deixarem viver meus sonhos, mas eles nunca permitiram. Sempre sonhei alto e, para eles, essas ambições eram pecado. Não sei se me diziam isso para me proteger ou se, de fato, achavam que era errado.

Aulas de dança e teatro também eram pecado, assim como usar joias ou pintar as unhas. Tudo era proibido. Queria dançar e cantar músicas de cantoras pop famosas, mas, se meus pais vissem, era imediatamente repreendida. O único momento em que me sentia verdadeiramente eu era quando ficava sozinha e podia curtir todas essas coisas.

Eles eram extremamente rígidos com a minha criação e, conforme o tempo foi passando, fui me tornando mais introspectiva, tinha vergonha de mim, do meu corpo e da minha religião. Não acreditava que conseguiria me libertar dessas amarras. Sentia-me uma estranha dentro da minha própria casa e que não pertencia àquela família.

Teve um momento em que minha mãe tentou me convencer de marcar uma consulta com um psicólogo, mas todos eram conhecidos dela e eu me sentia insegura, já que poderiam compartilhar nossas conversas.

Meses antes, descobri que meus pais tinham lido meu diário e isso foi traumático para mim, resultando em uma quebra de confiança. Eu amava escrever e expressar minhas emoções e, quando descobri que eles violaram minha privacidade, foi uma traição como nenhuma outra. Essa foi uma das grandes rupturas entre mim e eles.

Infelizmente, o acompanhamento psicológico me fez falta, a carga emocional de ter leucemia quando pequena foi enorme.

Sofri *bullying* da infância até o ensino médio, por diversos motivos, como aparência e religião. Com essas informações, Kat detectou não só os traumas, mas também a pouca influência que meus pais tinham sobre mim.

Assim, passou a me ajudar com alguns exercícios de cura e longas conversas sobre perdoar e não guardar rancor, me valorizar e acreditar no meu verdadeiro potencial.

Conforme fui seguindo os conselhos, acessando seu site e praticando os exercícios que me passava, comecei a enxergar a vida por outros ângulos. Consegui entender o lado dos meus pais, mesmo com os nossos desentendimentos, e pude me desprender do passado em diversos aspectos, para seguir em frente e desenvolver minha autoestima, que sempre foi um dos tópicos principais de nossas conversas.

Durante nossos atendimentos, Kat comentou sobre suas entidades, o que queriam e como se comunicavam. Ela não se associava a nenhuma religião. Por exemplo, para quem era cristão, ela dizia que era Deus; aos céticos, afirmava que eram momentos e memórias passadas. Assustadoramente, Kat tinha o dom de fazer revelações e previsões, que ela nomeava de A Voz[8]. Algumas situações passadas que ninguém sabia, nem os meus pais, ela detalhou em consulta. Foi inesperado para mim.

Conforme o tempo foi passando e realizamos novas consultas, ela foi me auxiliando em diversos aspectos. Se estivesse agindo de forma desproporcional em alguma circunstância, ela me ajudava a ficar mais calma e ter uma visão mais clara e prática de cada situação. Pelo menos era o que eu acreditava. Hoje, tenho consciência de que Kat me fazia enxergar apenas o que era conveniente para ela. Na época, confiava cegamente em suas intenções.

---

8 Kat Torres se auto-intitulava guia espiritual e vidente, recebendo, assim, mensagens de espíritos. Segundo ela, conversava com anjos e alienígenas, e essas mensagens eram entregues através de uma voz.

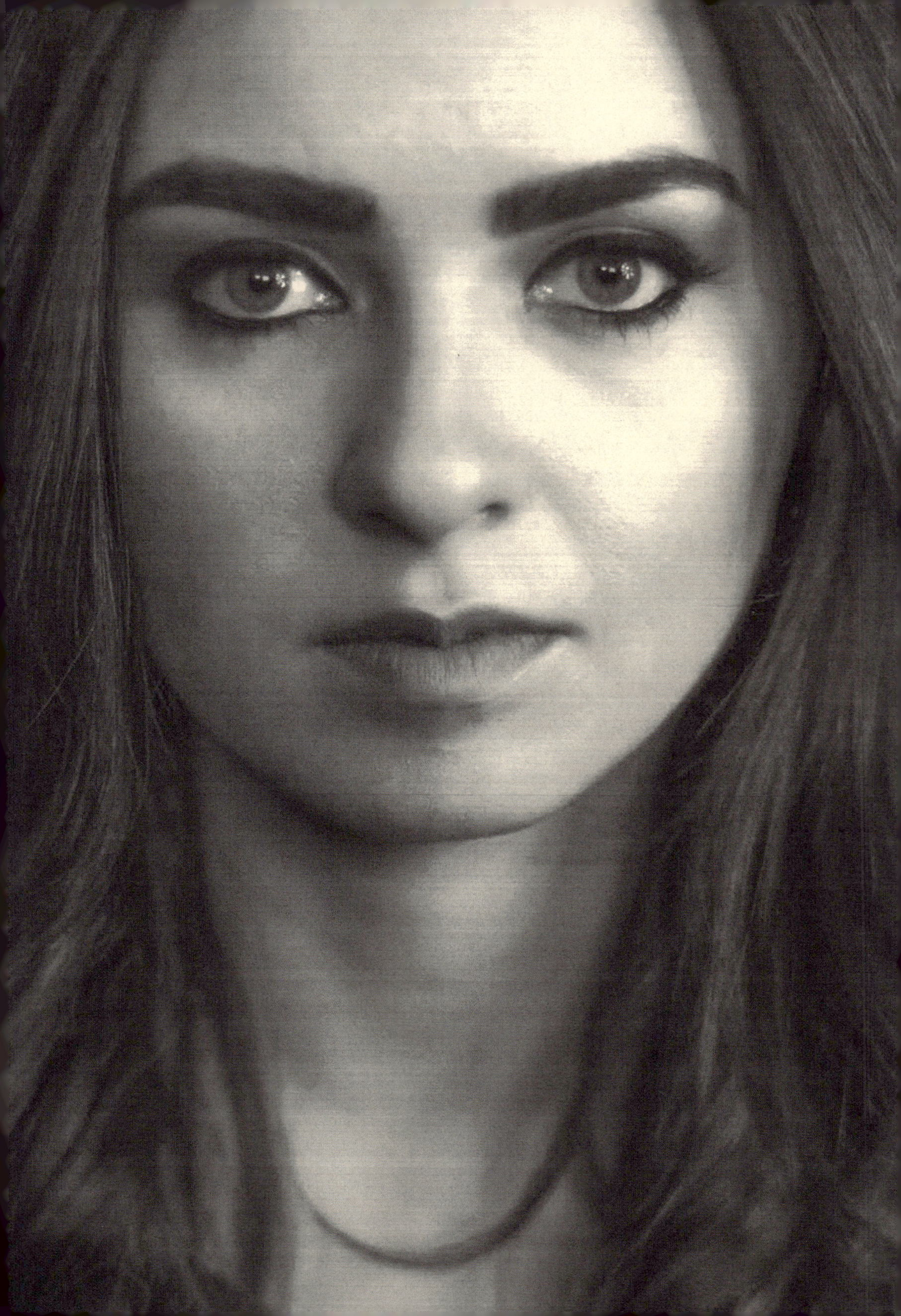

CAPÍTULO 2
VIVENDO UM DILEMA

"A confiança do inocente é a ferramenta mais útil do mentiroso"

Stephen King

Passaram-se alguns meses e a vida com meu marido estava longe do que tínhamos imaginado. Nossa adaptação na Alemanha estava péssima. A visão que ele tinha de seu próprio país era diferente da qual ele estava vivendo na prática e, assim como ele, eu também não estava me adaptando. Mesmo depois de aprender alemão, trabalhar e viver em Hamburgo, ainda não me sentia em casa. Não era aquilo que eu queria, chorava quase todas as noites.

Em dezembro de 2018, durante um jantar, Matthias abordou a ideia de voltarmos para o Canadá. Inicialmente, fiquei irritada, porque tinha tido um ano desafiador, em uma cidade pouco receptiva, e aprender alemão foi uma experiência extremamente difícil, para ele surgir com a ideia de voltarmos para Vancouver, depois de todo o meu esforço. Senti como se tudo tivesse sido em vão.

Mesmo com raiva, sabia que era nossa melhor opção e que tudo melhoraria assim que voltássemos. Seria benéfico para nós dois. Assim, decidimos entrar em contato com uma consultora de imigração para saber exatamente quais deveriam ser os próximos passos, pois nossa intenção era a residência permanente e precisávamos saber o quão viável era esse plano. Precisávamos de algo palpável para tomarmos uma decisão, assim, nos foram apresentadas diversas possibilidades para que nosso objetivo fosse alcançado.

Concluímos que precisávamos de boas propostas de trabalho para a mudança fazer sentido.

Para a nossa felicidade, em menos de um mês, Matthias tinha sido contratado por uma empresa canadense. Em dois meses, estávamos com as malas prontas e as passagens em mãos para voltarmos a Vancouver. Estava empolgada por esse recomeço, queria voltar a ser uma mulher independente.

Ao chegarmos lá, no final de maio de 2019, comecei a preparar um novo currículo e entrei em contato com algumas amigas para que me ajudassem na seleção de vagas. Uma delas trabalhava em uma multinacional, comentou que havia uma vaga disponível de assistente administrativa e incentivou minha candidatura. Em três semanas, eu já estava contratada e a empresa era excepcional.

Nos primeiros meses estávamos muito felizes, alugamos um apartamento em English Bay, que nos brindou com diferentes vistas da cidade. Da janela do quarto, conseguia ver a montanha; da sala, avistava a praia; da cozinha, a cidade. Nós tivemos muita sorte! Todas as minhas dificuldades vividas na Alemanha se solucionaram em Vancouver.

Em setembro do mesmo ano, os pais de Matthias vieram nos visitar. Eles ficaram cerca de um mês conosco e fizemos uma viagem para Vancouver Island. A essa altura, éramos bem próximos e sinto que essa viagem nos aproximou ainda mais. Fizemos passeios na natureza, trilha, conhecemos cidades históricas, praias, passamos por dentro de florestas e vimos lagos lindos.

No aniversário do meu marido, fiz uma surpresa e o levei a um famoso circo contemporâneo. Ele ficou impressionado com o espetáculo, depois fomos jantar em um dos melhores restaurantes da cidade e terminamos a noite caminhando pela Coal Harbour Seawall, à luz do luar.

Entretanto, um tempo depois, nossa conexão foi se perdendo. No início de dezembro, comecei a sentir que estávamos emocionalmente desconectados e que não dialogávamos mais como antes. Minha percepção era de que, cada vez mais, agíamos como amigos, e não como marido e mulher. Nossas discussões sempre eram iniciadas por mim, não por vontade própria, porque odiava essa tarefa, mas porque Matthias evitava confronto e problemas a todo custo. Sua postura passiva me cansava, não queria ser a única na relação a buscar uma solução para nossos problemas. Além disso, eu estava mergulhada na espiritualidade, ficando longos períodos meditando e assistindo aos vídeos de Kat, enquanto ele estava intensamente ligado ao mundo das criptomoedas[9]. Passava horas em frente ao computador checando as altas e baixas, o que só serviu para aumentar a distância entre nós.

Diante dos meus problemas de relacionamento, decidi me consultar com Kat para tratar desses sentimentos. Fazia um tempo desde minha última consulta e novamente ela reforçou a ideia de que eu e meu marido não deveríamos continuar juntos, que esse casamento era perda de tempo. Ela estava cada vez mais certa de que a única forma de a minha vida tomar um rumo melhor seria se me divorciasse dele. Essa insistência me deixava confusa, e em cada nova consulta ela colocava mais dúvidas em minha cabeça. Tinha medo de me separar e tomar a decisão errada. Por mais que acreditasse nela, ainda o amava e a indecisão estava me matando.

Matthias, além de marido, era meu melhor amigo. Tínhamos cumplicidade, respeito mútuo, fidelidade e liberdade. Dividíamos as contas e as tarefas domésticas, meus pais e amigos gostavam dele e vice-versa. Éramos ecléticos e saudáveis, adorávamos viajar e nos divertíamos com nossos amigos. Também aprendi bastante com ele, era inteligente e bem informado sobre diversos assuntos, me ajudou nos meus estudos, assim como na minha carreira. Éramos

---

9 Moedas digitais que se utilizam da criptografia para que as transações financeiras sejam feitas na internet. Até por isso, trata-se de uma tecnologia exclusiva do meio digital.

similares em diversos aspectos, mas tínhamos alguns pontos de discordância por sermos de realidades diferentes, os quais precisavam ser trabalhados.

Porém, nossas brigas se intensificaram após as consultas. Matthias alegava que Kat estava nos prejudicando, comprometendo nosso relacionamento e querendo nos separar. Ela me induzia a pensar na minha juventude e nas oportunidades que estava perdendo por estar casada, além de aumentar a magnitude dos problemas conjugais, enfatizando que eu entraria em depressão se continuasse com ele.

Concordava em partes com ela: eu era nova e ainda tinha muitos sonhos não conquistados; sempre quis abrir meu próprio negócio e ser uma empresária de sucesso. Ela até dizia durante as consultas que, se eu quisesse ser bem-sucedida, não seria com ele ao meu lado.

Kat sabia das minhas ambições profissionais e dos nossos problemas de relacionamento, e usava esse conhecimento e persuasão para me convencer de que o melhor caminho era o divórcio. Pelo sucesso que demonstrava e pelas premonições que fazia através da Voz, mesmo que eu discordasse, suas afirmações me conflitavam.

Durante as consultas, Kat usava os acontecimentos de sua vida pessoal como exemplos para facilitar a compreensão de seus ensinamentos. Em nossas conversas, também aprendi sobre suas lutas e injustiças diárias pelas quais passava. Não conseguia entender como uma pessoa tão bondosa e altruísta poderia passar por tamanhas atrocidades. Comovida com seus relatos, sentia pena e compaixão.

Algumas vezes, questionei-a pelo desvio do foco da sessão, mas ela afirmava que a exemplificação era necessária para o meu crescimento. Fomos ficando cada vez mais próximas e, sem perceber, construímos um forte vínculo emocional. Ela estava sempre alegre e animada em me ver.

As consultas começavam com muito carinho: "Meu bem, quanto tempo! Como você está? Por que você sumiu? Senti a sua falta! Você sabe que é muito especial para mim. É uma das minhas clientes favoritas!". Depois de nossas conversas, sentia-me mais leve e feliz.

Minhas amigas próximas diziam que eu estava mudando meu comportamento, me tornando mais agressiva e intolerante. Além delas, Matthias estava constantemente falando sobre a minha transformação, que foi da água para o vinho. Hoje, percebo que as mudanças foram extremas. Não só a forma de falar, de pensar ou agir, mas também meus hábitos e gostos.

Ele tentava ser flexível, mas eu estava cega pelos conselhos de Kat e isso gerava conflitos. A essa altura, eu só a ouvia e, aos poucos, ela era a voz da verdade para mim.

Consumia seu conteúdo diariamente: mídias sociais, textos, vídeos, *stories* e fotos. Ficava horas em seu site, seguindo várias hipnoses, em conteúdos nos quais ela falava e dava direcionamentos espirituais, além de meditações guiadas que enviava para relaxamento. Era praticamente uma lavagem cerebral, mas, até aquele momento, eu não enxergava por esse ângulo.

Não via os sinais de alerta, como o fato de me induzir a pensar e agir como interessava a ela. Kat me instruía sobre quais decisões tomar. Sabia que ela não tinha formação acadêmica e que seu conhecimento vinha por meio de suas experiências pessoais e da Voz. Sinceramente, não me importava com a questão acadêmica, pois tinha provas concretas de que seu trabalho trazia resultados rápidos.

Kat, além de trazer vivências pessoais nas consultas, constantemente me dava exemplos de suas clientes. Falava sobre aquelas que seguiam rigorosamente suas orientações e como eram felizes, enquanto clientes que não davam ouvidos a ela e à Voz ficavam depressivas e sofriam consequências desastrosas.

Em certo momento, fui perdendo interesse nos atendimentos. Pagar entre U$ 100 e U$ 250 por sessão era inviável e eu tinha outras prioridades. Optei por economizar. Porém, Kat me procurava dizendo que os anjos haviam se comunicado com ela e insistia que havia mensagens importantes para mim, que precisava voltar para as consultas com urgência. Eu hesitava, mas suas mensagens me deixavam inquieta. Sua insistência e a minha curiosidade venciam e acabava agendando uma nova sessão.

Um dia, ao chegar em casa, decidi conversar com Matthias sobre o que estava sentindo. Estava desanimada, tinha quase certeza de que nosso fim era iminente, mas ele queria lutar pelo nosso relacionamento. Ficamos horas conversando e, em meio a lágrimas, prometemos um ao outro que salvaríamos o nosso casamento.

Depois de nossa conversa, ele aceitou minha sugestão de fazer uma consulta com Kat. Entrei em contato com ela, dizendo que a sessão seria para Matthias, e paguei U$ 150 pelo atendimento. Ela seguiu o mesmo protocolo, pedindo signo, nome completo e rede social pública.

Ao final da consulta, Matthias disse que não tinha se identificado com ela. Kat não o entendia, deixando-o confuso, e ainda tentou forçar um diagnóstico. Mais uma vez, ele tentou me alertar, criticando sua competência profissional.

Era dezembro e decidimos passar o natal em Victoria, na província de British Columbia. Foi um momento importante para nós, já que em Vancouver estávamos sempre cercados de amigos. Conseguimos aproveitar verdadeiramente a companhia um do outro e pudemos relembrar o porquê de estarmos juntos. De certa forma, revivemos o amor que sentíamos um pelo outro.

No início de 2020, o mundo foi surpreendido pela pandemia de COVID-19 e fomos fortemente atingidos. A empresa em que Matthias trabalhava foi à falência e ele perdeu o emprego. Como seu visto estava vinculado ao trabalho, dificilmente conseguiria outro emprego. Foi um momento de pânico mundial e, para piorar, tínhamos um novo problema: somente a minha renda não era suficiente para manter nós dois no Canadá.

    Novamente, nos vimos em uma situação delicada, precisávamos tomar uma decisão difícil. No final de março, decidimos que o melhor era voltar à Alemanha, antes que as fronteiras fossem fechadas. Tivemos praticamente uma semana para organizar tudo, resolver questões burocráticas em relação ao aluguel, e eu tinha que sair do meu emprego. Na primeira semana de abril, embarcamos de volta a Hamburgo.

    Moramos na casa dos meus sogros por aproximadamente cinco meses e foi um período tranquilo, ainda que, ao mesmo tempo, desconfortável. Mesmo eles sendo incríveis e extremamente acolhedores, não queríamos ficar lá por tanto tempo, sentíamos falta do nosso próprio espaço.

    A Alemanha teve um dos *lockdowns* mais rígidos da Europa, não podíamos sair de casa para quase nada. Nesse período de confinamento, fizemos planos de mudar para Berlim: queríamos um recomeço em uma cidade internacional com pessoas de todos os lugares do mundo, com mais possibilidades de trabalho e onde eu não teria dificuldade de comunicação, já que a maioria fala inglês.

    Berlim me lembra minha cidade natal, São Paulo – grande, bem movimentada e animada. Alugamos um apartamento no bairro mais caro, chamado Mitte, que significa Centro, em alemão. O apartamento tinha uma arquitetura industrial e moderna, que combinava com a energia da cidade. Tinha uma vista bonita e o deslocamento era fácil.

    Durante a quarentena, ficamos assistindo a seriados e filmes, como a maior parte das pessoas nessa época. Nas horas vagas, gostava de praticar ioga, fazer cursos de autoconhecimento e exercícios físicos, enquanto ele entrava ainda mais no mundo das criptomoedas. Como nosso apartamento era grande, tínhamos espaço suficiente para o cantinho de cada um. Nossa convivência era harmoniosa.

Meu marido decidiu começar uma faculdade e eu comecei a procurar trabalho. Em setembro, fui contratada por uma empresa, porém a remuneração era baixa. Felizmente, em menos de um mês, consegui a oportunidade de trabalhar como consultora de imigração para uma ótima companhia alemã. Estava realizada com minha nova oportunidade profissional.

Conforme os meses foram passando, em vez de tudo se acalmar, novos problemas surgiam. Tinha sido promovida no trabalho, o que era ótimo por um lado, mas ao mesmo tempo me trazia muitas responsabilidades. Não parava de trabalhar até que todas as tarefas estivessem cumpridas, e isso gerava estresse e ansiedade.

Ao mesmo tempo, estava sofrendo os mesmos obstáculos que a maioria das pessoas: as dificuldades de estar presa dentro da própria casa, sem poder ter o mínimo de convívio social. Sentia falta da minha vida de antes. Quanto mais o tempo passava, mais rigoroso ficava o *lockdown*. Parecia um terror sem fim.

Nesse período, acredito que estava com depressão e, quando pensei que minha vida começava a dar sinais de melhora, desenvolvi um problema nas pálpebras. Tinha terçóis que não cicatrizavam. Fui aos melhores médicos de Berlim, fiz todos os tipos de exames, tomei diversos remédios e antibióticos, e meus olhos simplesmente não saravam.

Estava há seis meses sem encontrar uma solução, meus olhos estavam deformados, inchados e doloridos. Fiz muitas pesquisas sobre o assunto, tentei diversas medicinas alternativas, afirmações positivas, técnicas de cura e nada funcionava. Caso não me curasse, poderia ter problemas sérios na visão. Essa doença estava afetando minha aparência, autoestima e, acima de tudo, minha saúde.

Já fazia meses desde a minha última consulta com Kat e, diante do meu estado mental e físico, decidi procurá-la para marcarmos um atendimento, mesmo sem esperança de cura para os meus olhos.

Kat estava se divorciando e, com a pandemia, ela também foi duramente atingida. Inclusive, aparentou ter diversos surtos na internet, mas em consulta agia normalmente. Ela me disse que estava apenas seguindo as ordens da Voz e que suas manifestações nas redes sociais eram necessárias para a evolução espiritual de seus seguidores. "Os espíritos divinos trabalham de formas misteriosas", afirmava. Ela se colocou contra o *lockdown* e passou a ter atitudes radicais, fazendo com que ganhasse vários *haters*. Nessa época, havia se mudado da mansão em que morava com o marido, no estado de Nova York, e estava morando em Los Angeles.

Não concordei com suas atitudes, mas também não as levei a sério. Era nítido que não estava bem, eu sentia compaixão por ela. Deduzi que era apenas uma fase.

Durante o processo de seu divórcio, Kat revelou aos seguidores ter tido um relacionamento abusivo. Desse modo, passou a abordar esse tema em seu site e redes sociais, visando empoderar outras mulheres a se libertarem desse tipo de relacionamento para focarem em sua independência financeira. O que, hoje eu sei, era uma de suas **mentiras**.

Na consulta de janeiro de 2021, ela afirmou que o que eu tinha nos olhos era causado pelo meu casamento, mas que os anjos iriam me curar. Pediu para que eu fizesse compressas com ervas específicas, banhos com as mesmas ervas, e que tivéssemos inúmeras conversas para quebrar padrões de pensamentos, que afirmava estarem gerando a doença. Misteriosamente, um mês depois de seguir suas instruções, eu estava curada. Até hoje, a doença nunca mais voltou. Esse episódio nos aproximou mais.

As sessões ficaram mais frequentes e demoradas, sem que Kat me cobrasse nenhum adicional. Ela me contava cada vez mais sobre sua vida pessoal. Sentia-me acolhida, cuidada e era como se meus problemas sumissem após nossas longas conversas.

O ponto central, para ela, seguia sendo o rompimento do meu casamento. Esse era um dos assuntos mais discutidos em nossos atendimentos. Mesmo que a procurasse por outros motivos, ela sempre encontrava um jeito de falar sobre meu relacionamento e insistia no divórcio. Em uma sessão, estava muito triste com o rumo da minha vida pessoal, e ela me disse que iria fazer uma magia para que eu tivesse clareza sobre a decisão a tomar. Sabia que ela fazia bruxaria para alguns clientes, mas nunca a procurei por esse motivo.

Certo dia, alegou que Matthias era manipulador, meu relacionamento era tóxico e que a Voz disse que, se eu não me separasse, algo muito ruim aconteceria comigo. Fiquei apavorada, afinal, realmente acreditava que ela tinha um poder sobrenatural de premonição. Essa consulta me deixou paranoica! Tentava disfarçar, mas passei a ter medo do meu marido, temia que ele fizesse algo contra mim. Ficava pensando sobre a cura dos meus olhos e em como ela tinha resgatado a minha autoconfiança e autoestima. Concluí que estava, sim, em um relacionamento abusivo.

Mesmo que não quisesse acreditar que coisas ruins pudessem acontecer, ou que ela estivesse certa em relação ao meu casamento, todas as falas dela criavam dúvidas em mim. Ela plantava incertezas em minhas decisões e, em seu ponto de vista, eu era teimosa por não seguir à risca os conselhos divinos.

A essa altura, já tinha seu telefone pessoal e transcendemos a relação profissional. Éramos quase amigas e, sem dúvidas, ela começou a ter uma influência maior sobre mim. Suas falas pareciam mais proféticas e eu ficava assustada: ela adivinhava coisas que eram estritamente pessoais. Eu acreditava que ela era bruxa e comecei a me questionar se estava certa sobre a minha separação.

Tinha a sensação de que ela era a única pessoa que verdadeiramente me escutava. Quando comentava com alguma amiga que gostaria de me separar, sempre ouvia o mesmo: "vocês são um casal perfeito, não faça isso" ou "casamento tem suas dificuldades". A verdade é que eu estava deprimida e parecia que ninguém entendia o meu lado, somente o de Matthias.

Nas consultas, Kat usava minhas vulnerabilidades contra mim. Nunca era ressaltado o lado bom do meu marido, como se tudo fosse ruim ou errado. Ela dava maior magnitude aos nossos problemas para reforçar suas convicções. Além disso, enfatizava que eu era superior a ele, podendo ter quem quisesse. Dizia que eu merecia alguém melhor.

Dias depois, eu e Matthias tivemos outra briga e ele percebeu que falava sério sobre me divorciar. Então, aceitou o que já havia sugerido diversas outras vezes e fomos procurar uma terapeuta para fazermos sessões de casal. Relatamos nossas dificuldades, e a profissional nos aconselhou a continuarmos juntos porque, aparentemente, não tínhamos problemas suficientes que justificassem um divórcio.

Quando compartilhei o parecer da terapeuta com Kat, ela veementemente discordou e me disse que, pelo fato de a profissional ser alemã, estava protegendo os interesses de Matthias. Repetiu que as entidades insistiam que eu me divorciasse. Reforçou que não valia a pena fazermos terapia, que isso era recomendado apenas para casais mais velhos que, por terem a idade avançada, não achariam novos parceiros com facilidade, o que não era o meu caso. Saí daquele atendimento convencida de que havia um parecer tendencioso para beneficiá-lo e que deveria acabar meu casamento.

Assim que terminei a consulta, fui para a sala onde Matthias estava e, com firmeza, disse que queria me divorciar. Ele ficou devastado. Nossas famílias ficaram tristes e meus amigos estavam contra a minha decisão. Ninguém entendeu o motivo por trás da minha escolha. Foi um período em que me senti desamparada, e a única pessoa que ficou do meu lado foi Kat, unindo-nos ainda mais. Ela tinha se divorciado recentemente, por isso entendia perfeitamente o que eu estava sentindo e passando.

Mesmo tendo optado pelo divórcio, eu também estava arrasada. Ainda o amava e ponderava a hipótese de uma possível reconciliação. Entretanto, passei a ter constantes pesadelos, experiências estranhas no meu cotidiano e, em alguns momentos, sentia não ser eu mesma. Quando contei a Kat sobre essas situações, ela insinuou que Matthias queria me destruir e havia pago uma bruxa para fazer magia contra mim. Ela dizia que conseguia ver o tamanho do altar e, com isso, estipular o valor gasto com a bruxaria. Fiquei aterrorizada com a notícia, pois morria de medo dessas coisas.

Ela disse que me protegeria dessas energias ruins, mas alertou que eu deveria cortar todo e qualquer contato com ele, que estava decidido a acabar comigo. Matthias andava diferente e, pouco tempo antes, havia feito uma transferência de seus investimentos para sua conta pessoal, o que era raro. A quantia era parecida com a descrita por Kat que teria sido usada na magia, o que me deixou mais perplexa. Não tive dúvidas de que ela estava certa e falava a verdade. No mesmo instante, o bloqueei e nunca mais nos falamos.

Não foi fácil me acostumar com uma nova realidade sem ele, sozinha em Berlim. Estava abalada, mas meus amigos da Alemanha e colegas de trabalho fizeram com que esse período fosse um pouco menos doloroso. Nessa época, perdi cerca de dez quilos e estava bem abaixo do meu peso ideal.

Além das questões emocionais, me preocupava com meu visto e a possibilidade de não ser renovado por causa da separação. Havia ainda as despesas do divórcio, que tinha sido finalizado, e outros custos que se acumularam ao mesmo tempo, mas sabia que precisava ser forte, enfrentar esses obstáculos, focar no meu futuro e bem-estar.

Depois desse período conturbado, tive uma melhora financeira e voltei para uma nova sessão. O apoio e auxílio de Kat foram imprescindíveis na fase em que me encontrava. Ela disse que a minha energia estava negativa e estagnada, o que era evidente em minha aparência atual, mas que faríamos brilhar como antes. Afirmou que eu precisava me divertir e me encorajou a entrar em aplicativos de namoro.

Cheia de entusiasmo, alegou que não perderíamos tempo, pois me diria quem valia ou não a pena, e assim acharíamos o homem perfeito para mim. Achava cedo para qualquer tipo de relacionamento, mas concordava que dessa vez seria diferente: eu não perderia tempo com a pessoa errada.

Determinada a me tornar minha melhor versão, acordava todos os dias às cinco da manhã para ir à academia e caminhar no parque. Estava focada na minha carreira e constantemente aprimorando meu lado profissional. Durante esse período, tive diversas consultas com Kat e elas tinham como tópico principal meus objetivos profissionais.

Ela disse que eu estava certa em focar toda a atenção na minha carreira e que talvez pudesse buscar um relacionamento com alguém mais velho, experiente e com alto poder aquisitivo, que fosse investir em meus sonhos. Estranhei essa referência, pois já tinha comentado algumas vezes que não gostava desse perfil ou de ser sustentada.

Na semana seguinte, tivemos dois atendimentos e sua abordagem foi um pouco mais audaciosa ao falar sobre futuros parceiros. Ela disse que qualquer relacionamento amoroso envolve algum tipo de interesse, podendo ser físico, afetivo, financeiro, social, intelectual ou religioso. Afinal, todos nós queremos algo de alguém, e essas necessidades variam de pessoa para pessoa. Falava que era comum que tenhamos vontade de nos relacionar com pessoas com propósitos, valores, crenças e objetivos similares aos nossos, que nos ajudem a alcançar a vida que desejamos.

Em agosto, conheci Ryan, um americano de 30 e poucos anos. Ele não tinha o perfil mencionado por Kat em consulta, mas tinha me encantado por ele, foi amor à primeira vista. Nossas histórias de vida eram parecidas, ele também tinha passado por problemas de relacionamento e nos conectamos por conta das nossas experiências. Era reconfortante ser compreendida por alguém que também enfrentou as mesmas dificuldades de adaptação na Alemanha. Relacionar-me tão cedo não estava nos meus planos, mas nossa conexão foi instantânea.

Na semana em que nos conhecemos, entrei de férias do trabalho, então passamos o mês passeando por Berlim. Ryan era amoroso, aventureiro e viajado. Adorava ouvir sobre suas experiências pelo mundo e planejávamos viagens pela Europa assim que as restrições da pandemia fossem suspensas. Ele também era um excelente cozinheiro e me ensinou a preparar pratos deliciosos. Tudo o que havia faltado em relacionamentos passados, sentia que tínhamos encontrado um no outro.

Nossa relação era intensa, rapidamente fomos morar juntos e tivemos momentos inesquecíveis. Éramos um casal unido, saudável e esportivo. Apoiávamos um ao outro, dividíamos as responsabilidades e gostávamos de nos divertir. Nosso apartamento era moderno e aconchegante ao mesmo tempo, localizado em um dos bairros populares da cidade, bem próximo ao parque Friedrichshain, que já estava ficando alaranjado com as folhas do outono.

Kat, assim que o conheceu, o aprovou. Ela dizia que éramos perfeitos um para o outro. Adorava, especialmente, o fato de ele ser americano, pois dizia que eram os melhores tipos de homens e que meu futuro era morar nos Estados Unidos. Na mesma época, ela também estava se envolvendo com um americano, que se chamava Zachary. Após dois meses de namoro, eles se casaram em Las Vegas e se mudaram para um trailer, passando a viajar pela Califórnia.

Durante uma de nossas consultas, Kat me convidou para participar de uma *live* em uma rede social. Ela iria lançar um curso de relacionamento e queria que eu fosse uma de suas vendedoras, por ser uma cliente fiel. Nessa *live*, contei minha experiência com seu trabalho e os anos de consulta, recomendando-a para seus seguidores. Não cheguei a vender seu curso, mas meu contato com Kat se tornou ainda mais frequente.

Em meados de janeiro de 2022, vi na internet que Kat começou a ter o que aparentava ser uma série de surtos, pois não estava mais se comportando da mesma forma. Esses surtos pareciam ser ainda mais sérios do que os de 2020. Com exceção desses dois episódios, ela sempre foi cuidadosa e educada com seus clientes e seguidores.

Kat mantinha uma voz calma e tranquila para falar, como se tivesse realmente aconchego dentro dela. Para mim, era assustador e aflitivo vê-la durante seus momentos de surto – parecia que estava fora de si e eu não a reconhecia. Fiquei desesperada ao receber uma mensagem de voz de Kat em que gritava pelo meu nome pedindo socorro, pois estava em grave perigo. Horas antes, no mesmo dia, eu havia feito uma consulta com ela e tudo estava bem. Escutá-la naquele estado me deixou atordoada.

Algumas clientes, que estavam preocupadas, criaram um grupo em um aplicativo de mensagens com o intuito de ajudá-la, pois não tínhamos notícias claras do que estava acontecendo. Kat sumiu por alguns dias e, depois, apareceu alegando que havia sido sequestrada pelos russos, pois sabia informações confidenciais sobre a guerra. Ela também postou nessa rede social um áudio em que dizia meu nome e sobrenome, e que eu precisava compartilhar e divulgar em alemão o que ela falasse, ou o pior aconteceria com ela.

Ao mesmo tempo em que estava sensibilizada com a situação pela qual Kat passava, tinha problemas em minha própria vida para me preocupar. Em março, descobrimos que uma pessoa próxima de Ryan estava muito doente. Essa notícia nos abalou e afetou nosso relacionamento. Esforcei-me ao máximo para dar a ele o suporte necessário nesse momento difícil.

Dias depois, Kat me contou que tinha ficado três dias internada em um hospital psiquiátrico na Califórnia e, quando saiu, nem sequer se lembrava de quem era. Além disso, começou a pedir dinheiro para as pessoas. Achei aquela situação estranha, pois ela sempre ostentou uma vida luxuosa em suas redes sociais. Eu disse que não faria qualquer tipo de contribuição se não soubesse exatamente o que estava acontecendo.

Ela entrou em contato comigo por mensagem de texto dizendo que estava passando fome. Pelo fato de termos um relacionamento próximo, confiávamos uma na outra, e eu não entendi por que ela estava escondendo informações de mim. Foram mais de 20 consultas ao longo de cinco anos.

Estava realmente preocupada com ela. Por não ter enviado nenhum dinheiro, fui bloqueada imediatamente e, como se não bastasse, ela entrou ao vivo na rede social e começou a me difamar e inventar coisas sobre mim e meu caráter. Fiquei em choque!

Passado um tempo, ela me enviou uma mensagem pedindo desculpas e dizendo que deveríamos deixar aquele incidente para trás, para seguirmos em frente. Minha primeira reação foi não responder, mas meu lado compassivo entrou em ação. Lembrei-me de nossa história juntas, de todo o apoio que recebi no passado e pensei que ela poderia estar precisando de ajuda, então retomei o contato. Entre conversas, Kat me disse que havia se mudado para o Texas, pois, aparentemente, Zach não estava feliz na Califórnia e queria estar mais próximo de sua família.

Na segunda semana de abril, ela me ligou chorando e pediu apoio. Contou que sua saúde estava abalada, tendo pensamentos suicidas. Queria que eu fosse ao Texas e ficasse por um tempo ao seu lado, dizendo-me que era uma das pessoas em quem mais confiava, pois não tinha mais ninguém além de seu "recém-marido".

Kat me disse que estava à beira de um colapso. Falou sobre perdas financeiras e um golpe que havia sofrido, assim como citou seu divórcio e a morte de sua mãe. Segundo ela, após o falecimento, nunca mais se sentiu a mesma. Disse que a sua existência estava sufocante, nada mais dava certo em sua vida, não tinha amigos e todas as traições que já havia sofrido em relacionamentos passados a faziam questionar se valia a pena continuar vivendo.

Ela reforçou que precisava da minha ajuda, necessitava de alguém para ficar com ela naquele momento, tinha medo de ficar sozinha e tentar se machucar. Seu marido trabalhava o dia todo, então precisava de alguém que ficasse exclusivamente com ela nesse momento delicado. Disse que seria apenas por um mês, que não confiava em nenhuma outra pessoa além de mim e que eu **precisava** estar no Texas no dia seguinte: "Você precisa vir amanhã, eu não aguento mais, preciso de você! Vou morrer se continuar mais um dia sozinha nessa casa".

Eu me importava genuinamente com ela. Conversamos por duas horas e, sem que pudesse processar o que estava acontecendo, ela comprou minhas passagens. O voo era em menos de doze horas e eu ficaria com ela por um mês, dando apoio, ajudando nas tarefas domésticas e em seu negócio de *coaching*.

Quando terminei a ligação, disse a Ryan que ficaria um mês com Kat no Texas, porque ela estava com depressão profunda, à beira de um suicídio. Instantaneamente, ele ficou bravo e desaprovou minha decisão, dizendo que ela estava me manipulando e que não deveria confiar em nada do que dizia. Ryan não aguentava mais escutar sobre Kat, ainda mais porque eu me consultava com ela semanalmente, chegando a fazer até três sessões em uma semana, o que reprovava. Ele me implorou para que eu não fosse; fiquei com o coração partido de deixá-lo para trás, mas precisava ajudá-la. Se algo ruim acontecesse e eu não fizesse nada, não seria capaz de me perdoar.

Eu estava em um ótimo momento na Alemanha. Amava morar em Berlim, tinha um belo emprego e até havia sido promovida novamente, passando a gerenciar uma equipe de sete pessoas. Estava feliz em meu relacionamento, completamente apaixonada por Ryan.

Ele era tudo o que sempre sonhei em um parceiro, e acreditava fielmente que era minha alma gêmea. Estávamos até com planos de nos casarmos e nos mudarmos para os Estados Unidos.

Embora tenha pensado em ligar para Kat e cancelar o voo, também pensava que aquilo era momentâneo, apenas um mês. Não terminei meu namoro ou larguei meu emprego, inclusive carreguei comigo o *notebook* da empresa e nem sequer levei todos os meus pertences.

Ao chegar no aeroporto, ainda me questionei se estava tomando a decisão certa.

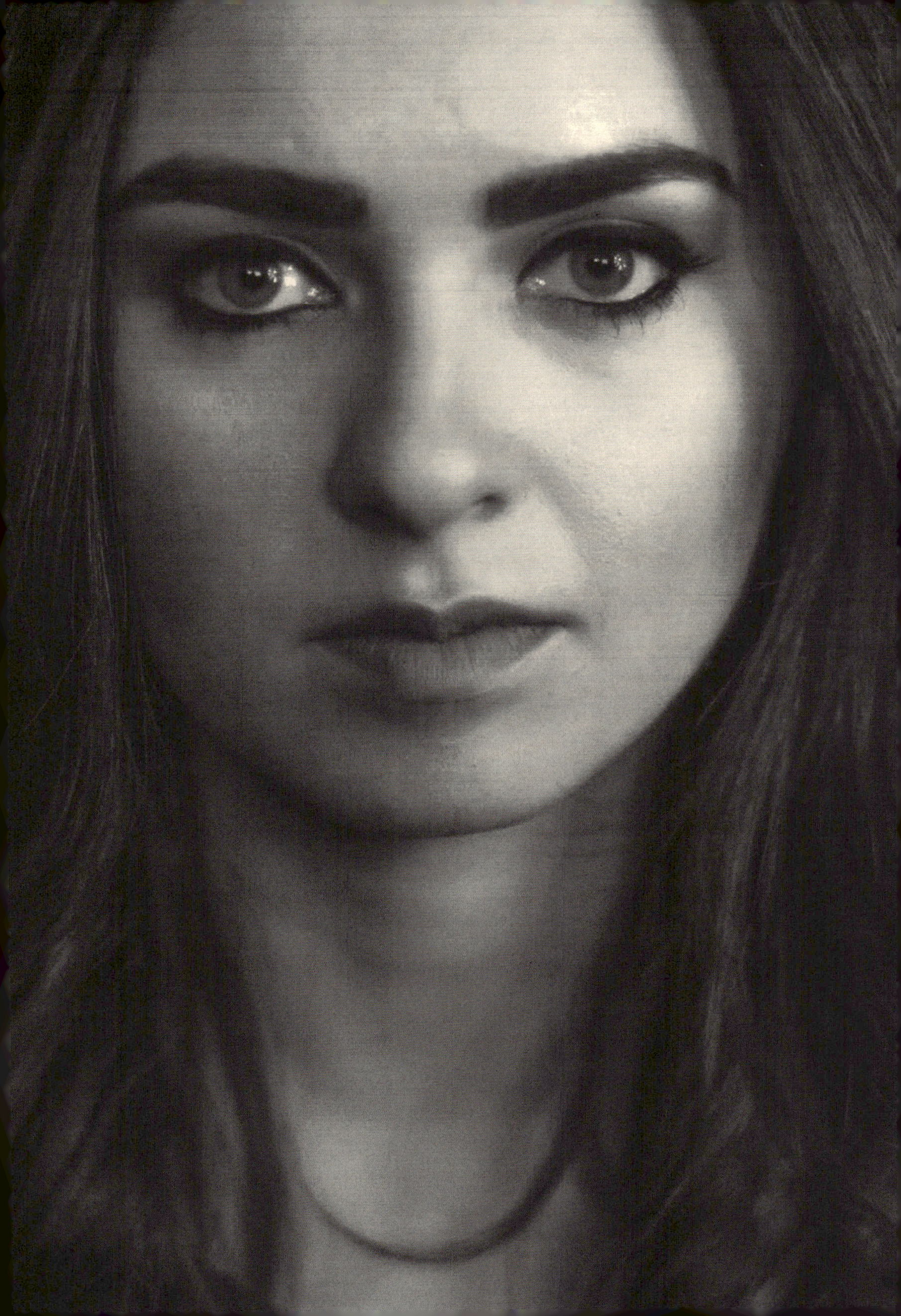

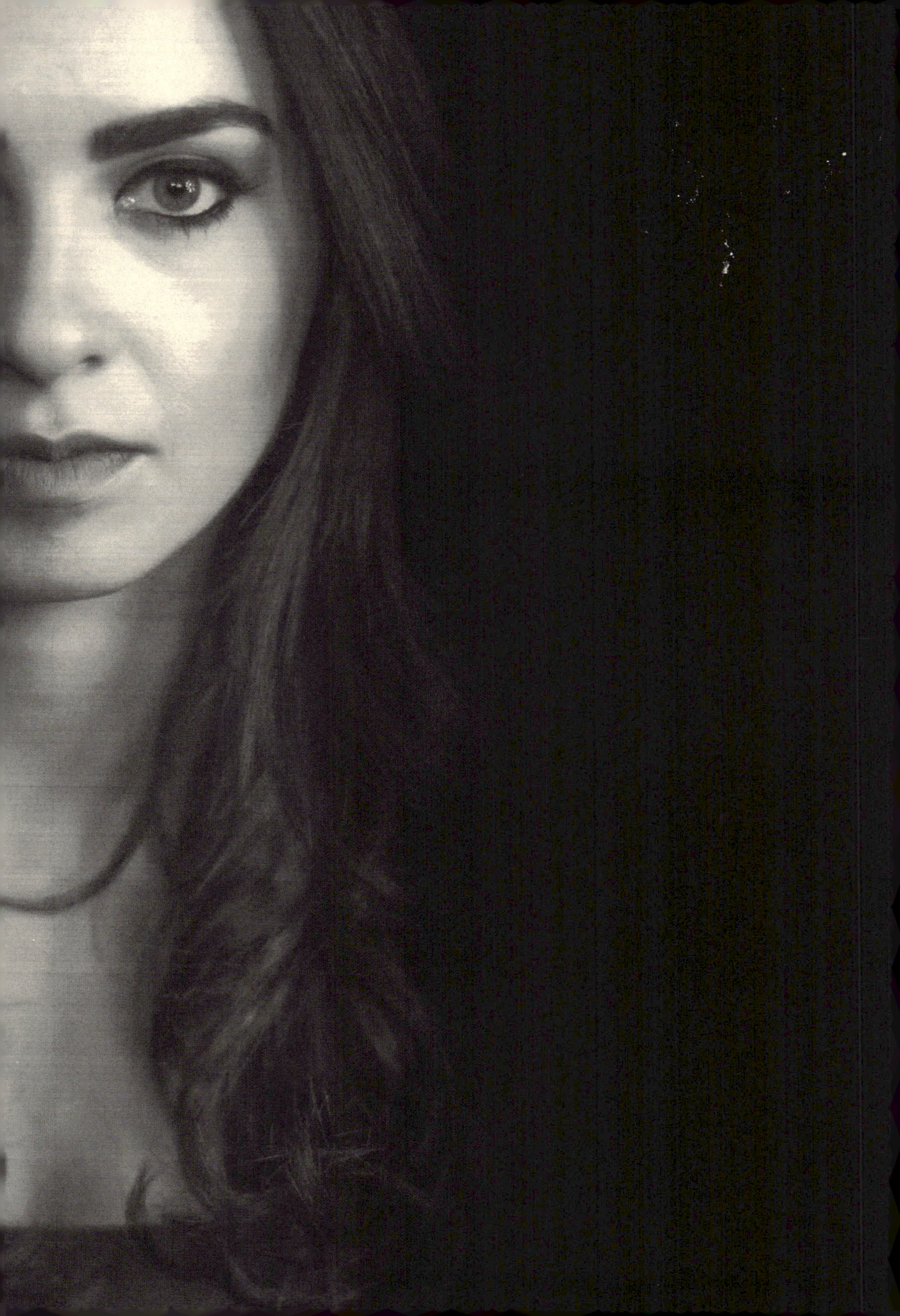

CAPÍTULO 3
PERDIDA NA ILUSÃO

"Quando se trata de controlar os seres humanos, não há melhor instrumento do que a mentira. Porque, veja bem, os humanos vivem de crenças. E as crenças podem ser manipuladas. O poder de manipular crenças é a única coisa que conta"

Michael Ende

PARTE I | DESCOBRINDO UMA NOVA REALIDADE

Texas, 11 de abril de 2022

O sentimento de culpa me dominou durante todo o voo, mal consegui dormir. Foi uma jornada conturbada, ainda estava insegura, porém, chegando ao destino final, em Austin, decidi focar na minha missão de ajudar Kat e depois voltar para casa.

Confesso que estava ansiosa para conhecer a mulher que tanto me inspirou, e poder apoiá-la nesse momento de fragilidade seria uma retribuição de toda a ajuda que tinha me dado. Ao passar pelo desembarque, a avistei, e nosso encontro foi tudo o que eu imaginei. Ela me abraçou e disse: "Você é ainda mais linda pessoalmente, estou tão feliz de finalmente te encontrar".

Chegando em sua casa, pude perceber que a vida glamourosa que ostentava nas redes sociais não espelhava a realidade, mas sua hospitalidade foi exemplar, uma ótima anfitriã. Assim que tive acesso à internet, vi que Kat havia feito algumas postagens em uma rede social sobre minha entrada em seu **Clã de Bruxas**, e que seríamos cinco, incluindo ela. Senti um desconforto, porque em momento algum havia concordado em participar de um clã, junto de outras mulheres que eu não conhecia.

    Sua casa era no subúrbio, ao norte de Austin, em uma cidade chamada Leander. Embora grande, a residência não tinha móveis por conta de sua recente mudança. Tinha por volta de 300 m², com cinco quartos, sendo duas suítes, um banheiro e lavabo. No andar superior, ficavam quatro quartos e um banheiro amplo, com banheira. A suíte principal, que era o quarto de Kat, tinha uma banheira espaçosa e vista para a entrada da casa. Fiquei hospedada no menor quarto e não me importei, já que minha estadia seria curta e o outro cômodo já estava ocupado por uma de suas clientes.

    No mesmo dia, fui com ela comprar itens para a casa, como móveis, decorações e roupas de cama. Seu marido era um marceneiro talentoso, fez móveis sofisticados para a casa, incluindo uma cama suspensa para meu quarto. Ela afirmou que, mesmo minha estadia sendo curta, queria me deixar o mais confortável possível.

    Ao voltar para casa, avistei Maya, sua gata selvagem da raça Savannah. Kat me mostrou seus outros animais: uma cobra, um escorpião, uma pequena lagarta aquática, aranhas e periquitos. Também tinha uma cachorra da raça Samoieda, chamada Nathaniel. Em poucos dias, a casa ganhou dois novos integrantes: Moonshine, um coelho preto, e o furão Vinny. Compartilhávamos o mesmo amor pelos animais. Contei a ela que, na minha infância, também tive muitos *pets*.

    Como cheguei na semana da Páscoa, na Sexta-Feira Santa fomos jantar com a família de seu marido. Eles fizeram perguntas sobre mim e se interessaram pela minha vida, demonstrando simpatia. Ao voltarmos para casa, Kat me levou para conhecer o "quarto das bruxarias". Ela tinha montado um grande altar com velas, imagens religiosas e, em seguida, orou para os anjos pedindo proteção, saúde e prosperidade para todos nós. Apreensiva, não quis chegar tão perto, era minha primeira vez em frente a um altar ocultista.

No dia seguinte, fui surpreendida com um belo café da manhã, com direito a ovos, panquecas, bacon, pães variados e suco de frutas. Ela estava me esperando para que fizéssemos a refeição juntas e começou me dizendo que a Voz tinha escolhido uma nova identidade para mim, como uma forma de boas-vindas ao Clã das Bruxas. Daquele momento em diante, eu seria chamada apenas de **D**. Como era um pedido das entidades, não questionei.

Kat propôs que fizéssemos um ritual naquela semana para formalizarmos nossa irmandade e a união do Clã. Participaríamos de uma cerimônia de Ayahuasca (bebida com potencial alucinógeno normalmente utilizada em rituais religiosos), que nos permitiria expandir a consciência e atingir altos níveis espirituais, proporcionando também curas físicas. Esse ritual não chegou a acontecer, porque o Xamã morava em uma cidade distante, mas ela ainda queria que o realizássemos em um futuro próximo.

Como ela continuou postando em redes sociais sobre o Clã das Bruxas, do qual agora eu fazia parte, não demorou para que Ryan viesse me confrontar sobre essas postagens. Disse para ele desconsiderar, porque ela não estava totalmente sã e não tinha me dito nada sobre isso até eu chegar em Austin. Ele não acreditou em mim, mas era verdade – estava tão surpresa quanto ele.

Logo após minha conversa com Ryan, uma amiga que conheci em Vancouver veio me questionar sobre eu estar com Kat nos Estados Unidos. Achava que Patrícia era *hater* dela, pois tinha feito uma consulta e detestado. Quando viu com quem eu estava, passou a ser rude e a insultar Kat, além de ficar me indagando, como se devesse alguma satisfação. Eu disse que não toleraria esse tipo de comportamento da parte dela e, como não parou, decidi que a nossa amizade acabaria ali. E assim a bloqueei.

Contei para Kat e ela concordou com a minha decisão. Disse que lembrava da consulta com a Patrícia e alegou: "Ela tem sérios problemas psicológicos. Essa mulher não vai desistir tão facilmente, é obcecada pela amizade de vocês, isso vem de uma conexão cármica de outras vidas. Ela está com inveja de você estar aqui, pois sabe que nós duas, juntas, somos poderosas. Cuidado, ela vai usar outras amizades para tentar descobrir informações suas, quer tirar o seu foco e atrapalhar o seu crescimento. Não deixe o mal interferir em sua vida, D!".

Horas depois, ela começou a me explicar sobre a forte economia americana e como a Europa está atrasada nesse aspecto. Afirmou que, para realizar meus sonhos, eu deveria começar a pensar em uma mudança permanente para os EUA, porque não alcançaria meus objetivos morando na Alemanha. Comentou que, pelo talento de Zach, eles abririam uma empresa de marcenaria e eu poderia ajudá-la com sua empresa de *coaching*, já que tinha começado a oferecer novos pacotes para as clientes, que envolviam passar o dia com ela, fazer rituais místicos e receber uma mentoria. Para esse programa presencial, ela cobrava, em média, U$ 8.000.

Concordei que era uma ótima ideia e disse a ela que tinha a intenção de me casar e me mudar para os Estados Unidos com Ryan. Porém, não havia como me manter legalmente no país naquele momento. Aliado a isso, disse que não tomaria nenhuma decisão definitiva sem falar com ele antes. Ela compreendeu e seguimos conversando.

Mais tarde, no mesmo dia, ela me contou sobre a indústria de Hollywood e as experiências que teve em Los Angeles, as pessoas que conheceu e as festas que frequentou. Após duas ou três taças de vinho, ela me disse que, para conseguir acesso a esses lugares, era necessário conhecer as pessoas certas. Concordei e respondi que, em todas as áreas profissionais, é importante conhecer pessoas estratégicas, para que as portas se abram com mais facilidade.

Kat, então, comentou que conhecia modelos e elas, para desfilarem em determinadas marcas, precisavam sair com algumas pessoas. Eu disse a ela que, desde o início da humanidade, as pessoas agiam e aceitavam propostas conforme seus interesses. Contei sobre minha experiência como *hostess* no Canadá e como essa conduta poderia trazer contatos e dinheiro rápido, mas destaquei que não era uma prática pela qual eu me interessava. Ela me olhou com desdém e, rindo, disse: "Deixe de ser ingênua, D". Fiquei até envergonhada pela forma como me olhou. Em seguida, Kat me convidou para darmos uma volta na cidade.

O centro de Austin é agitado, moderno e com muitos comércios. Caminhamos pelas ruas até que paramos em frente a uma loja esotérica, onde encontramos artigos que poderiam compor o altar dela: sangue de morcego, crânios, bonecos de vodu, velas, pó mágico e algumas ervas. Sua compra foi grande e fiquei surpresa com o valor gasto.

À noite, enquanto jantávamos, Kat abordou novamente a conversa que tivemos mais cedo, dizendo que conhecia diversas modelos e influenciadoras que se prostituíram na Europa e nos Estados Unidos e, se não tivessem feito isso, não teriam tido o sucesso profissional que tiveram. No mesmo instante, pegou o celular e me mandou o contato de uma mulher que tinha inúmeros clientes influentes, que me possibilitariam conhecer os melhores lugares que o dinheiro pudesse pagar.

Indignada, a encarei e, antes mesmo que pudesse pedir uma explicação, ela começou a falar que eu estava desperdiçando uma oportunidade milionária. Disse que não eram todas que nasciam com a minha beleza, por isso deveria usá-la em minha vantagem.

Continuou fazendo comentários que desvalorizavam o meu trabalho, afirmando que o que eu ganhava em mês inteiro na empresa alemã faria em apenas um dia dançando nos Estados Unidos. Fiquei em silêncio por alguns instantes e perguntei: "Dançando? Apenas dançando?". Estava de olhos arregalados enquanto a questionava. Ela riu e afirmou que sim.

Eu nunca tinha ido a um clube de *striptease* antes. Até tinha curiosidade de conhecer, mas nunca tinha cogitado trabalhar em um. Ela me disse que alguns clubes estavam com as audições abertas para novas dançarinas e conhecia alguns dos frequentadores. Sabia que meninas como eu seriam bem-vindas e fariam muito sucesso, disse que seria provisório e que, se desse tudo certo, poderíamos abrir uma empresa no Texas. Seríamos bem-sucedidas juntas e eu teria a vida que sempre sonhei.

Em seguida, me enviou alguns sites de clubes de *striptease* em Austin, para que eu pudesse entender melhor como esses lugares funcionavam. Falou sobre famosas que já tinham sido *strippers* e que, após juntarem dinheiro, mudaram completamente suas carreiras e não eram mais associadas a esse tipo de trabalho. Citava exemplos de diversas cantoras e, durante o dia, colocava as músicas delas para escutarmos.

Eu não queria ser *stripper*. Cresci em um lar conservador e, mesmo não concordando com as regras rígidas da minha igreja, carregava valores cristãos comigo. Além de que, se fosse descoberta, decepcionaria as pessoas que mais amava, perderia oportunidades de trabalho e não seria mais tratada com seriedade.

Por outro lado, se o que ela estava falando fosse verdade, ganharia muito dinheiro em pouco tempo e realizaria o sonho de ter meu próprio negócio. Eu pensava: "É apenas uma dança". Quantas vezes eu dancei nas baladas? Tudo bem que seria mais sensual, mas continuava sendo só uma dança. Era como se tivesse sobre um dos meus ombros um anjinho me dizendo não e, no outro, um diabinho me dizendo sim.

Eu tinha uma renda mensal de € 3.000 em Berlim, e não seria possível atingir o sucesso financeiro que tanto almejava com esse salário. A proposta de trabalhar no clube ia contra o que acreditava ser certo, mas, como sempre, Kat tinha uma resposta ou solução. Ela disse que não precisava me sentir mal, que aquilo não era pecado, pois Deus e os anjos não tinham a capacidade de julgar – isso cabia somente aos humanos. Eu não deveria ter medo deles.

Antes que eu pudesse argumentar, Kat prosseguiu me contando sobre sua verdadeira situação financeira. Disse que tinha perdido tudo e que estava falida – alegava ter sofrido um golpe, que a levou a ter um prejuízo enorme, e sua condição psicológica e física a estava impedindo de trabalhar naquele momento. Ela estava desesperada e não sabia mais o que fazer, enquanto Zach havia parado de trabalhar para cuidar dela. A cada dia, sua vida se transformava em um túnel sem saída, não via mais esperanças.

Nervosa, ela falou também sobre o dinheiro que havia gastado comigo, entre passagens, estadia, alimentação, móveis para o meu quarto e até as bruxarias que tinha feito para mim. Disse que, se eu decidisse ir embora, todos esses gastos seriam cobrados e, se não a pagasse, me amaldiçoaria. Fiquei com raiva e em choque. Quando a questionei, ela respondeu: "Você não precisa se preocupar com nada disso se trabalharmos juntas. Se focarmos nos negócios, vamos ser ricas e dinheiro nunca mais será problema!".

Ela continuou falando que, para atingir meus objetivos, tinha que provar a Deus que não era "da boca para fora". Deveria estar disposta a realizar o que fosse preciso em prol dos meus sonhos, porque se o caminho do sucesso fosse fácil, todos seriam bem-sucedidos. O mundo é cruel; eu teria que ter coragem e me sacrificar para conseguir conquistar tudo o que desejava.

Horas depois, ao pegar meu celular, me deparei com várias mensagens de Ryan: "Você é uma mentirosa, eu sei tudo o que está acontecendo aí! Você acha que eu sou idiota?". Depois, mostrou *prints* das minhas conversas particulares com Kat. Ele conseguiu acessar meu aplicativo de mensagem pelo computador que compartilhávamos em Berlim.

Ele pensava que eu estava trabalhando como *stripper* e, pior, achava que estava me prostituindo. Neguei imediatamente: "Não é isso que você está pensando, não estou fazendo nada! Pelo amor de Deus, Ryan. Parece que você não me conhece. Vamos conversar". Contudo, nada do que eu falava adiantava, ele continuava sem querer entender. Recusou minhas ligações e passou a me insultar. Minha respiração começou a ficar ofegante e minha vista escureceu.

Corri para o quarto de Kat, chorando, e mostrei as mensagens. Imediatamente, ela fechou as mãos e esmurrou a cama dizendo: "Quem ele pensa que é para te tratar assim? Ele é um verme que só te usou, nunca se importou com você". Ainda em lágrimas, perguntei-lhe: "Será que ele vai contar para os meus pais ou fazer algo pior? Ele está furioso, estou com medo do que ele pode fazer". Ela me abraçou forte e disse que me protegeria de qualquer coisa que ele tentasse fazer. Repetiu que éramos um time, uma família, e que eu não estaria desamparada.

Tomou o celular das minhas mãos, mandou uma mensagem dizendo para ele me deixar em paz e o bloqueou. Ela se virou em minha direção, dizendo para esquecê-lo, pois ele tinha uma alma ruim e faria tudo para impedir meu sucesso. Porém, se eu mantivesse o foco, podia ficar tranquila, porque estava sob a proteção divina, e ela tinha se tornado minha guardiã espiritual.

Continuou dizendo que eu era muito bonita e poderosa para ficar sofrendo por alguém que não me respeitava. Deveria canalizar a energia das minhas emoções para ganhar dinheiro. Empolgada,

Kat revelou que havia tido uma visão importante sobre nosso futuro empreendedor. Seríamos sócias e abriríamos um centro holístico em Austin. Daríamos aulas de ioga, faríamos tiragem de tarô e venderíamos artigos esotéricos. Eu estaria realizando o sonho de ter meu próprio negócio e de ajudar pessoas, trabalharia com espiritualidade, que era uma de minhas paixões, e teria minha mentora como sócia.

Meus olhos brilharam ao imaginar todos os detalhes do nosso *business* juntas. Empoderada pelas palavras de Kat e com raiva de Ryan, aceitei conhecer o tal clube que ela tanto insistiu.

No dia seguinte, pela manhã, antes de sair de casa, Kat pegou em minhas mãos e disse: "Você será aceita hoje". Em seguida, foi ao quarto onde ficavam as bruxarias, pegou uma vela que estava acesa, com meu nome escrito na cera, e disse, olhando fixamente em meus olhos: "Você não terá problemas hoje. Mesmo que ouça um 'não', você irá conseguir, isso eu garanto. Já consigo te ver dançando e saindo de lá com muito dinheiro. Você fará sucesso". Agradeci e entrei no carro.

No percurso para o clube, segurei a maçaneta do carro com as mãos trêmulas, pensei em alterar o percurso e voltar para casa, mas não queria decepcionar Kat. Como não tinha visto de trabalho, sabia que poderia ter problemas, mas ela me deu as instruções de como agir. Ao chegar lá, me deparei com um lugar escuro, com música alta, cheio de meninas e garçonetes servindo todos os tipos de bebidas. Homens entravam e saíam a todo momento.

Estava observando atentamente todos os detalhes do clube. Um homem se aproximou e perguntou se eu estava lá para fazer o teste, respondi que sim; ele pediu para que aguardasse sentada com outras garotas. Quando chegou a minha vez, subi no menor palco, tropeçando nas escadas; passei a mão em meus cabelos e dei um sorriso amarelo, me recompondo. A música no estilo *country*, um tanto melancólica, tornou minha tarefa quase impossível. Naquele momento, pensei: "Certeza que vão me odiar. Estou passando por essa humilhação à toa".

Para minha surpresa, o gerente disse que tinha gostado dos meus movimentos e que uma das dançarinas poderia me ajudar com a dança no *pole*. Afirmou que eu tinha tudo o que precisava para começar. Quando pediu meus documentos, mostrei meu passaporte e expliquei minha situação. Ele disse que não poderia me contratar sem visto de trabalho, mas que me ajudaria e foi até o bar fazer uma ligação.

Ao retornar, informou que tinha entrado em contato com o gerente de outro clube, que aceitaria minhas condições. Passou-me o endereço e disse que o responsável estaria me esperando.

O clube ficava há dez minutos de distância, em uma região remota, à beira de uma estrada. Percebi que esse clube era diferente, não seguia os padrões do outro. Afinal, para estarem dispostos a me aceitar sem visto, obviamente o local seria menos privilegiado. Fiquei desconfiada, mas, assim que desci do carro, o segurança abriu a porta e me recepcionou falando meu nome.

Fiz o teste e contei uma história dramática sobre como precisava de um emprego com urgência. O gerente se compadeceu, disse que tinha gostado de mim e iria me contratar, mas eu precisaria resolver a questão do meu visto o mais rápido possível, para não gerar complicações ao clube. Ele me passou as condições, as taxas que teria que pagar sobre o cachê diário e perguntou qual era meu nome artístico. O primeiro que veio à minha mente foi **Chanel**. Sinceramente, não sei de onde tirei.

"Chanel, você começa hoje. As outras dançarinas estão lá", disse ele, apontando para uma porta no fundo do corredor. Encarei minha aprovação como uma mensagem do destino, como se aquele realmente fosse meu propósito.

Nesse momento, lembrei das palavras de Kat antes de sair de casa. Tudo parecia profético. Confusa, pensei: "O que tinha acabado de acontecer? Eu realmente tinha feito dois testes para clubes de *striptease*? Tinha um nome artístico? Começaria hoje?".

Caminhando em direção ao camarim, percebi que as outras dançarinas me olhavam estranho, sabiam que minha presença significaria mais uma pessoa para dividir clientes, tempo de palco e, o mais importante, dinheiro.

Eu estava com um biquíni e um shorts jeans que Kat tinha me emprestado. Olhei-me no espelho, respirei fundo e fui em direção ao palco principal. Comecei dançando uma música sensual e queria ter tomado algumas doses de tequila para relaxar. No meio da segunda música, o gerente me olhou e gesticulou com as mãos, indicando que deveria tirar o top do biquíni. Não sabia exatamente em qual momento fazer e o DJ, que ficava ao lado do palco, dizia a mesma coisa. Todos os clientes esperavam por esse momento. Sob pressão, removi o top.

No final do dia, ao contar o dinheiro, vi que tinha ganho U$ 700 de cachê, e comecei a fazer as contas de uma possível média semanal de faturamento. Segurei o dinheiro com força e abri um sorriso, estava orgulhosa de mim. A partir daquele momento, quem entraria naquele clube não era a Desirrê, mas sim a Chanel.

Chegando em casa, contei para Kat sobre o faturamento do dia, ela comemorou e disse: "Viu como eu estava certa! Falei que você conseguiria! Ah, seremos muito ricas, D!". Continuou dizendo que seria a primeira de muitas conquistas e que, se me dedicasse bastante, logo meus sonhos seriam realizados. Além de tudo, resolveríamos meu visto.

Kat contou o dinheiro e propôs que ela o administrasse, guardando tudo no cofre do seu quarto, pois seria mais seguro. Ela também insistiu que meu passaporte ficasse sempre em casa, para não correr risco de alguém do clube descobrir minha identidade.

Eu concordei. Combinamos que ela iria administrar o dinheiro e gastaríamos o mínimo possível, apenas com as despesas da casa.

Kat deu novas dicas sobre como agir e falar com os clientes. "Você é linda e lá encontrará homens que irão te valorizar da forma que merece. Lembre-se de sempre ficar atenta a tudo, não pode confiar em ninguém. Sua luz atrai muita inveja, então não dê detalhes de sua vida para ninguém. Irei te dar algumas pulseiras e colares energizados para te protegerem de qualquer mal".

Kat me mandou evitar qualquer coisa que pudesse tirar meu foco, incluindo amizades. Para ela, relacionamentos de qualquer natureza, naquele momento, poderiam ser prejudiciais ao nosso plano. Inclusive, ressaltou para eu falar o mínimo possível com meus pais, pois eles poderiam me desviar do caminho do sucesso: "É muito difícil, eu sei, por isso só 1% consegue. Você precisa estar focada, sem distrações".

Segundo Kat, eu precisava estar com a mente vazia de influências externas, para ela conseguir trabalhar minha psique, a fim de alcançar meu máximo potencial.

No segundo dia no clube, conheci Angel, uma das *door girls*[10]. Ela me cumprimentou e disse: "Você deve ser a Chanel, muito prazer! Já sabe dançar no *pole*? Possui roupas e sapatos adequados?". Respondi que não para as duas perguntas. "Tudo bem, posso te dar algumas aulas. Eu era a melhor no *pole*, mas hoje prefiro ser *door girl*. São menos horas em pé e minha coluna agradece", concluiu, rindo.

Ela falou que eu não deveria confiar em ninguém, porque a competitividade falava mais alto. Angel também me contou sobre as regras do clube, o dinheiro e os clientes. Mostrou onde ficava

---

10 Espécie de recepcionista que fica na entrada do *strip club* checando as identidades e cobrando a taxa de entrada. Também atende ao telefone e cuida de algumas tarefas administrativas.

o *sex shop* mais próximo e com os menores preços, para que eu conseguisse comprar mais roupas e me caracterizar.

Não sei se Angel era uma personagem também, mas em pouco tempo comecei a enxergá-la como a minha *strippy godmother*[11]. Naquele dia, ela me apresentou ao gerente-geral – ele estava abaixo apenas do dono do clube. Ele me cumprimentou sorridente, disse que eu poderia trabalhar as noites que quisesse e que, caso precisasse de qualquer coisa, poderia falar diretamente com ele.

Decidi que Chanel seria uma *dominatrix*[12] *sexy*. Sabia que precisava me destacar se quisesse ganhar mais dinheiro, então criei essa personagem. Como tinha entregue todo o dinheiro do primeiro dia, tive que pedir para Kat uma certa quantia para conseguir comprar algumas roupas para trabalhar no clube. Ela disse que precisávamos economizar ao máximo e me deu U$ 200 para comprar o que precisasse.

Comprei um *body* vermelho, estilo *bondage*, e um preto com detalhes trançados que desciam do colo ao umbigo, no *sex shop* que Angel me indicou. Como precisava de um salto específico para o *pole dancing*, comprei um par de botas pretas de vinil, que subiam até o meio das minhas coxas.

Não demorou para que eu adquirisse confiança no *pole*, depois que Angel e algumas dançarinas me deram aulas, me ensinando a forma correta de segurar e onde enganchar a perna para mais sustentação. Embora não fosse o trabalho dos meus sonhos, me dispus a fazer o meu melhor e, com o passar das horas, fui

---

11 Em tradução livre, significa "fada-madrinha do *strip*".
12 *Dominatrix, domme* ou *domina*. Esses são os termos usados para definir mulheres dominantes no sexo BDSM. As *dominatrixes* são do gênero feminino, independentemente se são mulheres cis ou não, e podem dominar pessoas de qualquer gênero. No geral, seu papel não está necessariamente relacionado à dor, mas com dominação e poder sobre a pessoa submissa. Fonte: https://www.donacoelha.com/blog/o-que-e-dominatrix-e-como-ser-uma/?gclid=CjwKCAjwI6OiBhA2EiwAuUwW-ZYs2yZNb5uo-WVs-4m0BjC6vobycmPNq3Oyoyp9-zd9jIO2LdSjTcxoCphoQAvD_BwE. Acesso em: 30.10.23.

adquirindo mais confiança nos movimentos, mesmo que estivesse tonta por causa dos giros.

Confesso que, cada vez que subia no palco, me sentia mais poderosa, como se assumisse outra personalidade. Sentia o cheiro do dinheiro vindo em minha direção, a voz de Kat não saía da minha cabeça e eu incorporava a identidade de D intitulada por ela. Engatinhava e seduzia aqueles que estavam perto, os chamando para interagir comigo, enquanto colocavam notas de dólar em minha calcinha.

Na primeira vez em que fiquei até o clube fechar, eram 2h da manhã e, ao perceber que estava indo embora, o gerente perguntou onde eu morava. Disse a ele que era longe, em um subúrbio ao norte de Austin. Ele respondeu que era caminho para sua casa e se colocou à disposição para me dar carona nas noites em que ele trabalhasse. Hesitei, mas sabia que seria bom me aproximar dele. Primeiro, porque poderia significar mais proteção e favoritismo no clube; segundo, diminuiria os gastos com táxi. Perguntei para Kat o que achava: "Ótima ideia! Só tome cuidado e não passe a ele o endereço exato. Por segurança, fale que é na rua de baixo".

O clube, oficialmente, fechava às 2h da manhã, mas como comecei a ir embora com o gerente, saíamos por volta das 3h, porque ele precisava resolver questões administrativas antes de irmos. Houve noites em que acabei chegando em casa às 5h.

Ao chegar do trabalho, precisava ter cuidado, porque Kat tinha me falado que seu marido não podia saber que eu era *stripper*. Por isso, era importante que ele não me visse entrando e saindo de casa nesses horários. Ela nunca me explicou o motivo do sigilo, mas presumi que estivesse relacionado com suas inseguranças em relação a ele.

Ela sempre me esperava chegar e, do seu quarto, conseguia escutar o barulho da porta se destrancando e do código desligando o alarme. Para que Zach não suspeitasse, ela disse a ele que eu tinha arranjado um emprego em um escritório de contabilidade pela manhã e, à noite, focava no trabalho da Alemanha. Normalmente, eu pegava alguma comida pronta na geladeira, contava o cachê do dia e mandava mensagem para ela contando quanto tínhamos feito – para que ela pudesse descansar.

Eu estava dormindo poucas horas por noite, porque precisava acordar até às 6h para conseguir me arrumar sem que Zach me visse pela casa. Depois disso, por volta das 10h, ia até um café próximo e pedia táxi ou usava aplicativo de carro. Por mais que tivéssemos tudo planejado, todo cuidado era pouco, porque recentemente Zach tinha achado um bolo de notas de um dólar na bolsa de Kat, o que gerava suspeita de que eu pudesse estar trabalhando em um clube de *striptease*.

Ele não poderia desconfiar de nada ou o plano iria por água abaixo. Kat tinha a necessidade de estar no **controle** o tempo todo, com isso, eu só podia sair de casa quando recebia sua autorização, e ela ainda assistia minha saída pela janela do quarto. Era estressante viver nesse estado de **vigilância constante**.

Das 7h às 10h da manhã, tínhamos nosso tempo juntas. Ficávamos no meu quarto, conversando enquanto ela recontava o dinheiro. Às vezes, ela tirava o tarô para mim ou fazia bruxarias. Também conversávamos sobre sua empresa de *coaching* ou os planos da nossa loja holística. Andávamos com a cachorra, íamos ao mercado ou fazíamos as unhas. Durante nossos momentos juntas, percebi que Kat recebia misteriosas transferências internacionais de quem ela alegava ser seu motorista no Brasil.

Em uma das manhãs, ela me acordou mais cedo com abraços, dizendo que teríamos um dia incrível. Falou que tinha planejado uma surpresa: iríamos ao salão de beleza juntas. Nesse dia, após insistência de Kat, aceitei fazer uma progressiva[13]. O horário foi

---

13 Técnica de alisamento para os cabelos. Os fios ficam lisos e sem volume, com redução no efeito *frizz*.

marcado para perto das 7h, porque eu precisava estar no clube assim que abrisse.

Durante o dia, ela me enviava mensagens motivacionais e perguntava como as coisas estavam. O que parecia cuidado, na realidade, era **monitoramento**. Também mandava fotos de possíveis logos para nossa empresa, ideias de produtos e até locais onde poderíamos alugar o espaço, me deixando ainda mais empolgada para trabalhar, a fim de obter dinheiro rápido.

No clube, podíamos trabalhar de três formas: dançando no palco principal – função obrigatória de qualquer *stripper* –, na pista com *lap-dances* ou oferecendo danças privativas no VIP. Em pouco tempo, me tornei a atração principal. Como eu era nova e diziam que tinha uma beleza exótica, estava fazendo sucesso – tinha até lista de espera de clientes para me ver.

Nos dias mais cheios, os clientes faziam de tudo para ter uma oportunidade VIP comigo. Para potencializar meu desempenho, passava horas sem comer ou beber, para não precisar ir ao banheiro. Sair, mesmo que fosse por cinco minutos, poderia acarretar em perda de clientes importantes e, consequentemente, perda de dinheiro.

Em duas semanas, tinha feito no clube aproximadamente U$ 9.000 e estava muito feliz com os resultados, mas Kat exigia que eu tentasse, pelo menos, U$ 1.000 por dia. Esse deveria ser meu incentivo, era uma meta.

Eu não estava fazendo apenas sucesso, estava ganhando dinheiro como nunca antes. Chegava em casa cansada, com os pés inchados e pernas trêmulas de câimbras. Minha boca salivava ao pensar no que encontraria na geladeira, mas ao mesmo tempo me sentia cada dia mais perto do sucesso financeiro que Kat me prometia, e estava ansiosa para abrirmos nosso negócio juntas.

Também percebia uma nítida melhora no estado de saúde de Kat e isso me deixava aliviada, com um sentimento de estar fazendo a coisa certa. Esses pensamentos me motivavam diariamente, para que pudesse trabalhar com ainda mais vontade. Mesmo exausta, colocava o sorriso no rosto e subia no palco.

Quando estava lá, o objetivo era ver todo o chão lotado de notas e, para isso, aproveitava cada segundo da música, enquanto dólares eram jogados em minha direção. Quando ia para o VIP com os clientes, conseguia ganhar até U$ 900 em 30 minutos.

Confesso que ver tantas pessoas me desejando começou a se tornar excitante. Por mais distorcido que fosse, o clube se transformou em um local de empoderamento para mim, onde poderia ser quem eu quisesse, sem ser julgada ou criticada. Isso, de certa forma, me dava forças para continuar, mesmo sentindo tantas dores e exaustão em meu corpo.

No clube, tive os mais diversos tipos de clientes. Homens imaturos emocionalmente, maridos infelizes, homens desiludidos, empresários, *rappers*, advogados, atletas e os mais perigosos, os traficantes. Eles iam ao clube para ganhar dinheiro vendendo drogas para *strippers*, clientes e funcionários. Procurei entender o perfil de cada um, fazendo perguntas e demonstrando interesse no que falavam.

Uma das atrações mais lucrativas eram as *bachelor parties*[14]. Os homens tinham em média 30 anos, eram atraentes e divertidos. Como estavam em clima de comemoração, costumavam gastar uma alta quantia de dinheiro com bebidas alcoólicas e *strippers*.

A concorrência nessas festas era alta e as *strippers* ficavam mais agressivas e imprevisíveis, especialmente por estarem bêbadas e drogadas. As brigas eram frequentes e o motivo era sempre o mesmo: **dinheiro**.

Com o sucesso que estava fazendo, a rivalidade crescia, o que deixou os seguranças em alerta, caso as brigas saíssem do controle.

---

14 Despedidas de solteiro.

Em certas ocasiões, eles precisaram intervir para evitar que outras *strippers* batessem em mim.

Uma vez, misteriosamente, meu salto quebrou e quase me machuquei no palco. Em outra situação, um dos meus *bodys* favoritos foi rasgado no camarim. Quando esses boicotes aconteciam, eu dançava como se fosse a minha última dança na Terra. Queria arrancar cada centavo daqueles homens que pagavam para me ver e entregava a eles o show de suas vidas, para que todo o meu esforço não fosse em vão.

Os homens iam em busca de diversão, e a sensação dentro do clube era de festa permanente, sem fim. Eu não usava drogas, mas nem todos os clientes aceitavam essa recusa com tranquilidade. Em uma das noites, senti meus braços formigando, minha visão embaçar e minha nuca esquentar. Era como se meu corpo estivesse ficando dormente, mas agitado ao mesmo tempo. Fui imediatamente ao banheiro e percebi que minhas pupilas estavam dilatadas. Ao perceber que tinha sido drogada, fui conversar com o gerente, que me orientou a voltar para casa.

Dentro desse ambiente repleto de luxúria, existiam regras, por mais difícil que se possa imaginar. No clube, não poderia existir contato sexual, mas essa regra não impedia os clientes de entrarem no VIP mais empolgados, e alguns deles acreditavam que meu trabalho ia além de danças. Eles passavam dos limites, tentando desabotoar as calças ou pedindo para que os tocasse.

Eu sempre recusava, falava com autoridade que não faria nada do tipo e, se não estivessem satisfeitos, podiam procurar outras *strippers* – algumas delas não viam isso como impeditivo. Cheguei a presenciar dançarinas transando na área VIP, mas, se fossem descobertas, seriam expulsas. Por isso, sempre me mantive focada nos clientes e no dinheiro, não queria problemas com as outras *strippers*. Portanto, quando presenciava algo errado, fazia vista grossa.

Era desconfortável dançar tão perto ou no colo dos homens. Os clientes se excitavam a ponto de eu sentir o calor de suas calças molhadas em contato com minha pele, mas fazia o meu trabalho até conseguir o dinheiro. Alcoolizada, passei a suportar essas circunstâncias com menos relutância e, com o passar do tempo, a bebida se tornou meu refúgio.

Mesmo trabalhando 15 horas por dia como *stripper* e dormindo pouco, ainda encontrava tempo para manter contato com a empresa alemã. Inicialmente, me foram dadas três semanas de férias. Contei a eles que estava nos Estados Unidos ajudando uma amiga que quase cometeu suicídio e que precisava do meu apoio e suporte naquele momento.

Durante esse tempo, a empresa entendeu, mas estava me pressionando para voltar às atividades presenciais. Sabia que logo teria que tomar uma decisão: ficar ou não nos Estados Unidos. Kat me pressionava muito, tentava argumentar de todas as formas, dizendo que meu lugar era ao seu lado. Contudo, caso eu ficasse, deveria me desligar da empresa. Do jeito que as coisas estavam, não poderia continuar.

A rotina me demandava um esforço físico enorme. Dançava horas e horas seguidas em cima de um salto gigantesco e, em menos de 30 dias no Texas, comecei a levar meu corpo ao limite. Tomava, pelo menos, três latas de energético por dia e vários *shots* de tequila para suportar a dor.

Bolhas enormes surgiram em meus pés, minhas pernas cambaleavam procurando equilíbrio em meio às câimbras e as costas queimavam de dor, a ponto de dificultar minha locomoção. Os analgésicos e relaxantes musculares se tornaram bala, assim como os antialérgicos, uma vez que o ar condicionado não era higienizado com frequência, deixando o clube com muito pó. Quando relatava isso para Kat, ela respondia que eu era fraca e estava sendo mimada;

dizia-me para ter perseverança, pois as pessoas bem-sucedidas se sacrificam para chegar ao topo.

O clube estava recebendo cada vez mais atenção dos turistas que passavam por Austin. Em uma sexta-feira à noite, vários *rappers* famosos foram ao clube, o deixando lotado. Havia cerca de 3.000 pessoas naquele dia e consegui faturar em torno de U$ 5.000.

Com esse esforço, seguido do sucesso com os clientes, a pressão não vinha apenas de Kat, mas do clube também. Como morava em uma cidade distante e menos movimentada, às vezes ficava esperando 30 minutos até chegar um carro para me levar. Quando demorava, recebia várias mensagens dos gerentes e DJs: "Cadê você, Chanel? Precisamos de você aqui *ASAP*[15], os clientes estão chegando e te procurando".

Depois de um tempo recebendo caronas do gerente, ele se sentiu à vontade em me trazer um energético e um lanche. Sabendo do meu desgaste físico, trouxe também um par de meias de compressão esportiva. Seu presente foi uma verdadeira benção para meu corpo.

As outras *strippers* perceberam nossa aproximação, o que piorou ainda mais meu relacionamento com elas. Fui acusada de estar me relacionando com ele em troca de benefícios, mesmo sabendo que era a única *stripper* que trabalhava todos os dias nos dois turnos – dia e noite – sem tirar um dia de folga. Meu sucesso não veio à toa, eu dava o meu máximo e trabalhava mais do que todas as outras dançarinas para alcançar as metas estabelecidas por Kat.

Ao escutar os boatos, algumas dançarinas vieram conversar comigo, dizendo que estavam preocupadas. Contaram-me algumas histórias envolvendo o gerente-geral, rumores de que ele havia abusado sexualmente de algumas garotas e teria passagens

---

15 Gíria da língua inglesa que significa *as soon as possible*; em tradução livre, significa "assim que possível", usado para indicar urgência.

pela polícia, e que eu deveria tomar cuidado. Arregalei os olhos, as palmas de minhas mãos começaram a suar e senti um calafrio subindo pela minha espinha. Ele parecia se importar comigo, mas isso poderia ser apenas um jeito de atrair mais vítimas, pensei. Afinal, fazia sentido o que elas me diziam. Ele era competente e poderia estar trabalhando em clubes melhores do que aquele.

Contei a história para Kat e disse que não aceitaria as caronas dele, voltaria de táxi novamente. Ela respondeu que eu não deveria me preocupar, que as entidades diziam que ele não me faria mal algum, mas, para me tranquilizar, faria outras magias para me proteger.

Mesmo acreditando nela, continuei com medo dele, não queria mais as caronas. Tentei conversar com ela outra vez para deixarmos o clube de lado e focarmos na sua empresa de *coaching*. Além disso, estava exausta física e psicologicamente, e ainda existia um grande risco por estar trabalhando de forma ilegal.

Suas mãos se fecharam em um movimento agressivo e ela começou a gritar, dizendo: "Você está sendo imatura, esperava mais de você. Estou completamente decepcionada com seu desempenho, não era isso que esperava de alguém forte como você. Se quiser desistir, eu entendo, mas você estará sendo burra e egoísta".

Ela fez com que me sentisse culpada, como se minhas preocupações fossem supérfluas. Ela afirmava que, se eu parasse de voltar com o gerente ou agisse diferente, ele ficaria com raiva e começaria a me prejudicar no clube. Logo, poderia perder o trabalho.

Naquele momento, eu era praticamente a única fonte de sustento da casa. Sustentava e não desfrutava do próprio dinheiro que ganhava. Kat me dava apenas U$ 20 por dia para comprar comida, e ainda me mandava economizar.

Ela continuou dizendo: "Você tem noção de quantas bruxarias eu fiz para conseguir que você fosse aceita em um clube sem visto?

Acha que foi fácil? Que ser bem-sucedida não tem riscos? Fala que tem fé, mas não confia em Deus e nos anjos te protegendo. Você não confia em mim! Olha como era a sua vida antes de me conhecer e como é a sua vida agora. Melhorou ou piorou? Olha a abundância, a casa em que você mora, tudo o que aprendeu comigo. Você acha mesmo que eu colocaria você em risco e deixaria alguma coisa ruim acontecer?".

Abaixei a cabeça porque suas falas faziam sentido; ela poderia estar certa e os meus receios serem meros caprichos. Acreditei que era mimada e teimosa e, por esse motivo, não seria bem-sucedida. Decepcionada comigo mesma, aceitei suas alegações e continuei no clube, próxima do gerente e voltando de carona com ele.

Na semana seguinte, enquanto trabalhava, recebi uma ligação de Kat aos prantos, dizendo que Zach estava no hospital pois tinha passado mal. Troquei-me o mais rápido possível e saí às pressas. Quando cheguei lá, ela me disse que ele havia sido internado em estado grave, mas tinha conseguido fugir.

Ela não parava de chorar e gritar pelo hospital, dizendo que era sua culpa, porque tinha iniciado uma briga e, caso ele não fosse localizado, ela se suicidaria. Kat preferia morrer a ficar em um mundo sem ele. Depois de horas sem qualquer sinal de Zach, decidimos ir para casa, esperando que a polícia o encontrasse. Ao chegarmos lá, vimos que ele estava desacordado no sofá.

O relacionamento deles tinha seus altos e baixos. Ele bebia, gritava, ficava agressivo e quebrava os móveis. Por ser alto e musculoso, seu porte físico amedrontava qualquer um que cruzasse seu caminho. Segundo Kat, em momentos de surto, Zach procurava suas armas de fogo, que eram mantidas em casa, para que pudesse andar com elas pela cidade. A primeira coisa que queria fazer quando ficava alterado era pegar as armas. Ele tinha uma coleção, de diversos tipos, tamanhos e calibres. Hábito bem comum entre os texanos.

Depois desse episódio no hospital, Kat não parava de chorar e implorava para que eu continuasse morando com ela, não voltasse a Berlim e não a deixasse sozinha com ele. Ela falava que tinha medo que ele fizesse algo contra ela ou alguém, e insinuou que ele tinha passagem na polícia. A última coisa que eu queria que acontecesse era alguém se machucando seriamente ou, pior, morrendo.

Eu disse a ela que talvez fosse melhor eles se divorciarem, nenhum relacionamento deveria ser baseado em medo. Entretanto, ela disse que os guias espirituais afirmavam que a separação seria pior, por isso precisava continuar casada. Passei a insistir para que procurasse ajuda psiquiátrica e ela concordava, mas dizia que primeiro precisávamos alcançar estabilidade financeira, para depois poder arcar com as despesas médicas.

Por um lado, nós já tínhamos juntado mais de U$ 45.000, uma quantia que eu nunca havia feito antes – não em um período tão curto. Ao mesmo tempo, não aguentava mais minha rotina no clube e sentia saudades da minha vida em Berlim: meu apartamento, meu emprego, meus amigos, meus pertences e Ryan. Por mais que Kat insistisse que ele não queria meu bem, ainda sentia falta dele.

Ao escutar minhas incertezas, ela afirmou que as entidades tinham dito que eu deveria virar a página da Alemanha. Meu futuro era nos Estados Unidos e faltava pouco para que nosso *business* acontecesse. Ela me perguntou quais eram minhas prioridades, se eu continuava querendo sucesso financeiro e, se fosse o caso, já sabia a resposta para minhas dúvidas. Não havia nada na Europa para mim.

Ela me disse: "D, eu vou ser bem sincera com você, não quero te assustar. Mas com essa conversa de talvez voltar para Berlim, preciso te falar uma coisa. A Voz me disse que você tem uma maldição financeira de vidas passadas. Isso é gravíssimo, nem com bruxarias é possível reverter. Você é especial, portanto, os anjos estão te dando uma chance. Para isso, você precisa seguir rigorosamente as instruções e ressignificar esse carma. Se você voltar à Alemanha, nunca mais atingirá riqueza e abundância. Sua oportunidade é agora ou nunca!".

Considerei todos os prós e contras da minha escolha. Ajudar Kat em seu momento delicado e ter sucesso profissional era o que eu mais desejava, mas meu coração estava em pedaços e sentia saudades de Berlim, principalmente de Ryan. Tinha receio de como seria nosso reencontro depois daquela discussão e do término.

Seguindo as recomendações espirituais de Kat, acreditei que meu futuro era nos Estados Unidos e decidi ficar. Formalizei um e-mail de demissão e não embarquei para a Alemanha. Kat, ao saber, comemorou. A partir disso, me mandou ser ainda mais cautelosa em relação às informações que mantinha em meu celular, como fotos e mensagens, repetindo que qualquer pessoa poderia me *hackear* como um ato de vingança e me expor. Ela também me mandou ignorar todos que entrassem em contato comigo, já que meus amigos sempre me traziam problemas.

Sabia que seria difícil ignorar os meus pais, por isso mantive contatos esporádicos por mensagens de texto. A essa altura, não tinha mais contato com nenhum dos meus amigos, mas acreditava que essa blindagem era para me proteger. Porém, me deparei com toda minha vida sendo **apagada**, virando apenas memórias longínquas.

Após a minha decisão, Kat mudou completamente seu comportamento, tornando-se mais autoritária. Parecia que ela não tinha mais consideração por mim, e eu não entendia essa mudança.

Além disso, também achava as regras da casa e as condições anormais em que vivíamos estranhas, mas, com a pressão e a rotina frenética, não tinha tempo de pensar e assimilar os fatos.

Kat tinha estabelecido a lei do silêncio. Nenhum dos membros da casa podia se comunicar entre si, apenas diretamente com ela. E, quando estávamos em casa, precisávamos ficar em nossos quartos o tempo todo. Além disso, Kat criava conflitos, rivalidade e competição entre as clientes que moravam na casa.

Ela falava mal de todas e dizia que elas falavam mal de mim. Hoje, tenho consciência de que fez isso para nos afastar, evitando que nos comunicássemos e nos uníssemos, o que poderia fazer com que descobríssemos seus planos maquiavélicos.

Dias depois, começamos a atravessar um período ruim no clube. Naquela semana, outro clube próximo ao que eu trabalhava estava fazendo uma promoção de *drinks* e isso diminuiu nosso movimento. Lembro-me de não conseguir ganhar U$ 300 e, para piorar, no dia seguinte consegui apenas U$ 100.

Quando cheguei em casa com aqueles valores baixos, Kat ficou furiosa, jogou uma cadeira perto de mim e disse que não estava fazendo meu trabalho com vontade. Afirmou que eu era estúpida e não queria prosperar. Implorei para que ela se acalmasse, contei da situação de baixa clientela naquela semana, mas ela disse que era desculpa, que eu precisava me esforçar mais.

No dia seguinte, ao perceber que estava quieta e com os olhos cheios de lágrimas, enquanto procurava gelo para colocar nos meus pés doloridos e inchados, ela me chamou e disse: "Você sabe que não precisa continuar trabalhando no clube se começar a sair com os caras. Tenho certeza de que diversos homens que conheceu te abordaram perguntando quanto custa uma hora com você. Pensa comigo: o que você faz em 15 horas no clube, pode fazer em uma hora com um homem. Não precisará mais pegar carona com o gerente, não terá mais bolhas nos pés, nem dores nas costas e pernas". Prontamente falei que essa prática, para mim, estava fora de cogitação. Além disso, era crime no Texas e a última coisa que precisava era cometer outro crime.

Ao mesmo tempo, sabia que aquela rotina insana estava destruindo minha saúde, não aguentava mais ir para o clube. Sentia-me humilhada, principalmente porque os gerentes começaram a deixar o ar condicionado congelante para os mamilos das *strippers* ficarem sempre duros, com a intenção de chamar a atenção dos clientes.

Nessa mesma tarde, após terminar minha dança, percebi que uma briga tinha sido iniciada no fumódromo. Dois traficantes estavam discutindo e o segurança tentava separá-los. Já do lado de dentro, um deles sacou uma arma e começou a atirar. As dançarinas começaram a gritar, algumas se esconderam no banheiro e outras se trancaram no camarim. Os clientes fugiram e eu fiquei escondida debaixo de uma mesa. Senti meu coração disparado e minha visão turva ao imaginar que poderia morrer. Quando a adrenalina baixou, comecei a chorar.

Depois desse episódio, menos clientes apareciam e meu faturamento despencou. Para piorar a situação que o clube atravessava, uma *stripper* que havia sido demitida foi armada ao clube buscando vingança. Fez diversos disparos no estacionamento, em plena luz do dia, apavorando a todos.

Quando situações adversas como essas aconteciam, chegava em casa sem bater as metas. Kat ficava histérica e me culpava pela baixa clientela, dizendo que a força do meu pensamento era capaz de lotar aquele lugar, e eu não estava me esforçando o suficiente.

Ao ouvir essas palavras, tive vontade de chorar, porque ela gritava e me humilhava. Estava no fundo do poço quando me lembrei de Kat falando sobre a possibilidade de fazer programas. Reconheci que seria a única forma de conseguir mais dinheiro, sem contar que seria apenas uma hora, em comparação às 15 horas de esforço físico e mental, sem intervalos, no clube.

Na semana seguinte, o clube continuou vazio e as brigas entre *strippers* por dinheiro se intensificaram. Em uma das noites, estava me preparando para subir no palco principal, quando uma delas puxou meu cabelo e começou a me bater. Estávamos no meio da pista e todos assistiram à cena, até os seguranças nos separarem e nos levarem para o lado de fora. Fiquei furiosa e envergonhada.

Depois disso, os seguranças me orientaram a ficar sempre onde pudessem me ver. Deveria evitar ir ao banheiro ou ao camarim sozinha, e todos os meus passos dentro do clube eram observados por eles. Quando Kat ficou sabendo sobre os acontecimentos no clube, decidiu fazer alguns rituais, tanto contra as *strippers* quanto para atrair mais clientes. Desenhou um pentagrama com sangue de morcego no chão do quarto das bruxarias, acendeu velas e colocou uma escultura de crânio aberto com bonecos de vodu no centro. Concentrada, enfiava alfinetes nos bonecos e repetia algumas palavras, como se fosse um mantra.

Naquele momento, eu já odiava o clube, as caronas com o gerente, chegar em casa sem bater as metas e tinha medo de ser atacada ou morta. Mesmo com todas as magias, não percebia melhora. Nem nos finais de semana o clube lotava, e o dinheiro diminuía cada vez mais. Havia boatos entre as dançarinas de que todos os clubes estavam assim. Com uma possível crise financeira à vista, os homens estavam mais conscientes sobre seus gastos.

Os clientes não pagavam mais por VIPs, e até os que tinham um padrão de vida elevado começaram a ir ao clube com menos frequência. Com isso, o ambiente ficou ainda mais hostil, e as *strippers* brigavam por notas de U$ 10.

Nesses momentos, Kat voltava a falar sobre a possibilidade de eu sair com homens. Dizia que era algo normal, muitas meninas faziam. Tínhamos uma meta e precisávamos de dinheiro para abrirmos nosso negócio. Se não trouxesse os recursos necessários, ela começaria a conter meus gastos, que já eram apenas com minha alimentação. Não havia outra saída a não ser pensar na possibilidade.

Ela falou que, se meu medo era ser descoberta pela minha família, amigos ou conhecidos, poderia ficar tranquila. Ninguém saberia de nada, tudo seria feito com discrição e teria apenas clientes americanos e de outras nacionalidades. Usaria nome fictício para proteger minha identidade.

Era final de maio, estava chegando o verão e a situação no clube foi ficando cada vez pior. As brigas eram constantes e as cobranças também. Por outro lado, ouvia a mesma pergunta dos clientes todos os dias: "Você é maravilhosa, sabia? Pagaria qualquer valor para ter você. Quanto custa a sua hora, *baby*?". Quando chegava em casa, o mesmo assunto se repetia, com Kat insistindo para que eu cedesse.

Comecei a pensar no motivo pelo qual era tão resistente à prostituição. Afinal, a maioria das *strippers* fazia isso. Frustrada e desesperada por mais dinheiro, pedi conselho a um dos DJs do clube, que tinha anos de experiência na indústria e era amigo de várias *strippers*. Perguntei se conhecia alguma outra forma de conseguir aumentar o faturamento dentro do clube. Ele me disse que, nessa indústria do entretenimento adulto, tudo gira em torno de prostituição e pornografia. Essas eram as formas de enriquecer: "Ninguém vai te julgar por fazer o que precisa para sobreviver".

No mesmo dia, escutei uma conversa paralela de uma *stripper* pedindo ajuda a outra sobre como começar na prostituição. A mais experiente disse que o segredo era dissociar-se, tanto do momento quanto da pessoa. Se você conseguir se desconectar emocionalmente da situação e manter-se em uma espécie de transe, será mais fácil. Coincidentemente, tudo o que escutava ou via girava em torno de fazer programas, parecia até sincronicidade. Eu me perguntava se eram sinais indicando o caminho.

Estava traumatizada com o clube, com o fato de conviver com pessoas drogadas, traficantes, presenciar brigas, tentativas de estupro e tiroteio. Não queria continuar lá para descobrir o que mais poderia acontecer. Trabalhava 15 horas e, nos últimos dias, estava fazendo pouco mais de U$ 100. Tinha clientes há quase dois meses que me procuravam para sair com eles. Assim, comecei a refletir sobre o que era menos pior e fiquei imaginando se aguentaria esse novo trabalho. Lembrei da conversa das *strippers* e me questionei se conseguiria me dissociar.

Como em um filme, uma retrospectiva passou em minha cabeça. Era a Chanel que pisava naquele clube, não a Desirrê. Era a Chanel que tinha confiança inabalável, autocontrole e frieza, não a Desirrê. Chanel pisava no clube como se mandasse em tudo e em todos. Chanel era poderosa! Então, por que não deixar Chanel dominar os homens e arrancar o dinheiro deles?

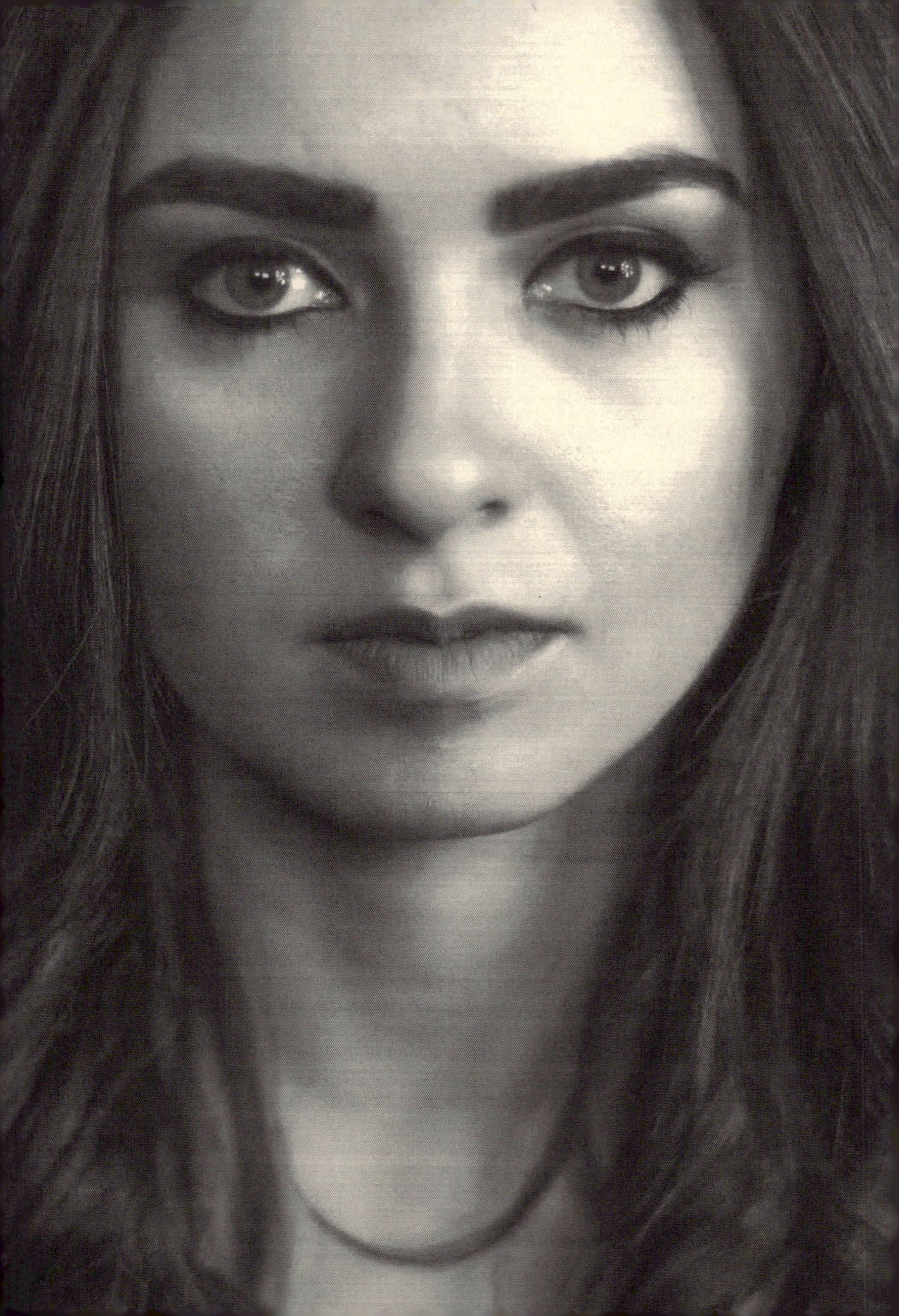

PARTE II | TUDO OU NADA

Austin, 1° de junho de 2022

Cheguei ao clube por volta das 11h e estava com tanta dor nas pernas e costas que me vi obrigada a tomar comprimidos para amenizar a sensação. Em seguida, virei alguns *shots* de tequila e fui em direção ao palco.

No final da minha apresentação, um cliente sinalizou em minha direção e fomos para o VIP. Como de costume, fiz o máximo para me destacar, focando em atendê-lo da melhor forma possível. Trinta minutos depois, perguntou-me quanto eu cobraria para sair com ele.

Paralisei e minha respiração ficou pesada, mas me concentrei ao relembrar da dificuldade que estava tendo para bater as metas impostas por Kat, e o medo que sentia sobre o que aconteceria se não as alcançasse. Pensei nos momentos em que ela havia dito que os encontros iriam me proporcionar mais chance de alcançar o dinheiro que precisávamos.

Sem pensar, eu disse: **"EU COBRO U$ 1.000"**.

O cliente aceitou. Combinamos que nosso encontro seria no dia seguinte pela manhã. Estava com medo, mas só de cogitar que não precisaria mais estar no clube por horas e horas senti um alívio enorme. Ao anoitecer, mandei mensagem para Kat, informei o valor faturado naquele dia e disse que havia aceitado a sugestão de sair com um cara. Ela comemorou e, em seguida, disse que isso marcava o início de um grande momento de sorte.

No dia seguinte, tentei me manter calma e, antes de sair, Kat veio ao meu quarto. Percebendo meu medo, me abraçou e segurou nas minhas mãos, olhando no fundo dos meus olhos. Disse que tudo ficaria bem, reforçando que seria ótimo para nossos negócios.

A caminho do encontro com o cliente, eu estava inquieta. Minhas pernas não paravam de balançar e olhava para o relógio de cinco em cinco segundos. Questionava quando poderia começar a contar a hora, mas contive minha ansiedade assim que o encontrei no saguão do hotel. Ao abrir a porta do quarto, muitas perguntas me assombraram: poderia parar quando quisesse? Se a camisinha estourasse, eu pegaria uma doença? Será que ele era um policial disfarçado e me prenderia em flagrante? E se me matasse?

Foram longos 60 minutos. Chorando, saí do banho e me arrumei. Ao deixar o quarto, tive medo de que os funcionários do hotel tivessem desconfiado e denunciado. Sem tempo de assimilar, entrei no táxi em direção ao clube. Como as metas nas últimas semanas não estavam sendo alcançadas, Kat me convenceu de que precisávamos focar em ganhar o máximo de dinheiro e, assim, suprimi a culpa que sentia com mais trabalho.

Quando voltei para casa naquela noite, tive pesadelos, dormi com remorso. Revirei-me na cama, forçando os olhos a ficarem fechados. Durante aquela semana, comecei a me questionar se deveria oferecer programas para outros clientes ou continuar somente com o meu trabalho de *stripper*.

Na semana seguinte, outro cliente me abordou no clube e respondi quanto eu cobrava. Comecei a me encontrar com alguns, antes e depois do expediente. Em pouco tempo, as oportunidades apareciam e decidi não as ignorar. Em um dos meus primeiros programas, fui contratada por um piloto de avião que disse ter um fetiche e me pediu para encontrá-lo no aeroporto. Como sabia dos riscos, cobrei U$ 2.000 para ir. Quando cheguei, segui todas as instruções que tinha enviado.

Ele tinha 50 anos e já tinha ido para o VIP comigo algumas vezes. Tinha um voo naquela noite e queria relaxar antes de seguir viagem. Cheguei por volta das 17h e o encontrei próximo à sala de administração da companhia aérea. Ele carregava uma bolsa e pediu para que eu o acompanhasse.

Fomos para o outro lado do aeroporto, em uma sala reservada, mas não sabia ao certo onde estávamos. Para abrir a porta, ele usou seu crachá e, do lado de dentro, a trancou. Abriu a bolsa e tirou um uniforme de aeromoça, pedindo para que eu vestisse. Fiquei envergonhada e, antes de me vestir, pedi o dinheiro. Assim que ele pagou, fui me trocar.

Ele era dominador. Quando me viu com o uniforme, veio em minha direção e me empurrou contra a parede. Realizei todas as fantasias. Ele ficou tão satisfeito que me deu mais U$ 1.000 de gorjeta. Nos programas seguintes, sentia uma adrenalina inigualável: uma mistura de medo por estar fazendo algo ilícito e pânico de ter um cliente psicopata.

Eu era seletiva quanto aos clientes, não podiam ser frequentadores do clube, porque tinha medo de ser descoberta. Por isso, comecei a priorizar quem sabia que estava visitando a cidade e não era regular por lá.

Ao perceber que estava com clientela limitada, Kat propôs que eu entrasse em uma casa de prostituição. Disse que ganharia muito dinheiro em ainda menos tempo. Planejou fazer feitiço para me trazer sorte e proteção. Para isso, levou-me no quarto das bruxarias e pediu para que eu sentasse de frente para o altar. Acendeu algumas velas e, dando as mãos, fizemos um pacto de irmandade com a luz para amplificar nossos poderes.

Quando terminamos, ela disse que eram ordens da Voz, portanto, deveriam ser obedecidas. Eu não queria trabalhar com cafetões, imaginava que era algo perigoso, como uma máfia. Se entrasse, seria impossível sair. Porém, sabia que fazer programas com os clientes do clube não garantiria o alcance das metas.

Os clientes do clube que pagavam U$ 1.000 não voltavam com frequência. Eles viam os programas como um momento especial, não algo corriqueiro. Para um cliente pagar U$ 1.000 toda semana, teria que ter algum tipo de vício, a ponto de não conseguir controlar sua compulsão, além de também ter os meios financeiros para sustentar esse estilo de vida.

Limitada a esses clientes e querendo expandir os negócios, Kat me passou o site de uma das mais conhecidas casas de prostituição em Austin. Ao acessar a página, descobri que trabalhar nesse lugar significaria aceitar fazer programas por U$ 240 por hora, o que era inaceitável. Já era difícil fazer por U$ 1.000!

De imediato, eu disse: "Você está maluca? Não vou fazer isso, não vou me submeter a essa humilhação. Absolutamente não!".

Na mesma hora, seu semblante se fechou. Gritando, ela disse que, se eu desobedecesse, seria punida, porque eram ordens das entidades. E continuou: "Você tem noção do poder deles? Por que acha que sigo cegamente tudo o que mandam, sem nunca questionar? Porque são eles que me dão toda abundância e beleza, me fazem cada vez mais poderosa. Meus namorados bilionários também tinham essa conexão e faziam tudo o que eles mandavam, sem questionar. São poucos os escolhidos, e você é uma delas!".

Ela segurou meus ombros e disse: "Você é ingrata e teimosa. Não vê tudo o que eles fazem por você? Eu converso com eles tentando remediar em seu nome e ganhar tempo, mas eles estão cansados da sua teimosia e falta de confiança. Logo, não vou conseguir mais te proteger".

Sem me dar a oportunidade de responder qualquer uma das perguntas, ela continuou: "Eles têm um propósito maior para você nessa casa, as aparências enganam, e o que você vê não é o que o divino enxerga. Eles veem e sabem infinitamente mais do que nós, D. Além disso, têm certas lições que precisa aprender nessa casa para ganhar quantias mais altas e com maior facilidade. Você julga demais as pessoas e as oportunidades, por isso ainda não atingiu o êxito".

Ela respirou fundo e continuou me humilhando: "Você precisa ter mais experiências de vida para crescer. Perdeu tempo demais com besteiras e ignorou os sinais celestes. O dono dessa casa é importante. Ele conhece pessoas poderosas e, quando confiar em você, te apresentará aos melhores clientes. Não perca essa chance que o universo está te dando. Oportunidades melhores virão, mas esse sacrifício é necessário. Confie em mim. Só quero seu sucesso!".

Eu não estava totalmente convencida por suas falas, portanto, brigamos. Fui para o clube e passamos o dia sem nos falarmos. Na manhã seguinte, ela me acordou e disse que havia preparado uma surpresa – passaríamos o dia juntas. Ela me levou em um clube de tiro esportivo; Zach também foi para atirar e levou algumas de suas armas de fogo, incluindo uma *sniper rifle*[16.]

Assustei-me com a forma como ambos manuseavam as armas, era notório que nenhum deles era iniciante. Tinham experiência, miravam e davam tiros certeiros nas folhas colocadas no final do *stand*. Questionei-me sobre as intenções daquela surpresa, que ocorreu logo após eu demonstrar resistência à prostituição.

No fim do dia, Zach voltou para casa para assistir a um jogo de futebol americano, enquanto eu e Kat fomos em um dos mais luxuosos restaurantes da cidade. Era alta gastronomia. Essa foi uma exceção, já que ela sempre ressaltava que precisávamos economizar ao máximo. Disse que a noite era só nossa e que eu poderia pedir o que quisesse. Tomamos vinho e, quando ela percebeu que eu estava relaxada, disse que em breve iríamos para Las Vegas comemorar nossa amizade e irmandade. Afirmou que todo meu esforço não estava sendo em vão e eu merecia essa viagem.

16 Arma de alta precisão e longo alcance.

Em seguida, abordou novamente o assunto da casa de prostituição e fiquei instantaneamente irritada. Como não queria brigar, decidi ouvir o que ela tinha a dizer. Pediu para eu repensar e disse que era uma grande oportunidade. Contudo, caso realmente não quisesse, esse assunto estaria encerrado. Terminamos a noite rindo juntas.

Pela manhã, decidi entrar em contato com o dono da casa, que se chamava Richard. Mandei um e-mail anexando algumas fotos que Kat havia selecionado e complementei com algumas informações. Deixei meus contatos para que ele pudesse falar comigo.

Quando retornou, eu estava no clube e tive que atender a ligação no estacionamento, para que ninguém escutasse. Ele fez algumas perguntas como: idade, nacionalidade e outras características físicas. Já estava preparada para responder tais perguntas, pois Kat já tinha me dado todas as dicas.

Eu precisava me mostrar desesperada e contar uma história plausível. Disse a ele que precisava de U$ 2.000 em menos de uma semana para pagar meu aluguel atrasado ou seria despejada. Segui as instruções de Kat e fiz o drama que pude. Ele me tranquilizou, dizendo que eu conseguiria.

Em seguida, sugeriu que nos conhecêssemos pessoalmente para uma espécie de entrevista. Fiquei surpresa e pensei: "Preciso passar em entrevista até para me prostituir? É sério isso?". De qualquer forma, concordei em encontrá-lo.

Fiquei desconfiada sobre me encontrar com ele sozinha. Não tinha noção de quem era, então esperava o pior. Comentei minhas preocupações com Kat, que disse para tomar cuidado e não confiar nele, mas me tranquilizou dizendo que nada aconteceria, pois os guias espirituais me protegeriam.

Na manhã seguinte, fui ao encontro de Richard em sua casa, que ficava no centro de Austin, em um bairro residencial, uma rua tranquila. Era uma casa como todas as outras, não levantava suspeita. Ele era um senhor de aproximadamente 65 anos, educado, de boa aparência e inteligente. Ninguém jamais desconfiaria dele. Suas características me fizeram pensar que era um de seus segredos para se manter longe do radar da polícia.

Richard me contou que era experiente e sabia o que estava fazendo. Havia começado em Nova York e tinha dez anos no ramo. Era esperto e desconfiado, me fez inúmeras perguntas para ver se me pegava mentindo. Quando sua desconfiança passou, decidiu me contratar e disse que havia gostado de mim e da minha aparência.

Em minutos, acessou o site e criou meu perfil, com fotos que mostravam tanto corpo quanto rosto. Pedi que colocasse o nome Emma e, em seguida, ele adicionou outras informações. Em seu site, eu tinha 21 anos e era uma atriz pornô famosa. Ele ressaltou que isso atrairia os clientes e me ajudaria a criar minha nova personagem.

Sinceramente, não queria colocar fotos do meu rosto no site. Mas naquela manhã, quando Kat foi falar comigo, antes mesmo que expressasse meu receio, ela disse: "Sei que você está nervosa em usar suas fotos, mas os anjos dizem que é necessário. Seu rosto é maravilhoso e precisa ser visto. Mostrá-lo trará destaque e vantagem sobre a concorrência. Como ninguém te conhece aqui no Texas, não há com o que se preocupar, você não será reconhecida. Sei que nesse ramo existem riscos, mas esse não é um deles. Se eu sentir que algo não está certo, ou que vai nos prejudicar, direi 'não' para te proteger".

Quando Richard terminou de criar meu perfil, me apresentou a casa, que não era grande, mas tinha dois andares. No primeiro piso, ficavam a cozinha, o lavabo, a sala que era utilizada como depósito e a garagem, onde ficava a lavanderia.

No segundo andar, ficava o quarto de Richard e uma suíte destinada aos programas. Antes de atender os clientes, eu deveria ir até seu quarto e deixar a parte dele. Ele também comentou que algumas das garotas dormiam lá quando ele não estava e, se eu quisesse, poderia dormir sempre que precisasse.

Em nenhum momento ele parou de falar. Não sei se sentiu conforto com minha presença, mas estava tão tranquilo que começou a abordar alguns assuntos sem nenhuma censura. Muitas das suas falas eram ofensivas e preconceituosas.

No quarto destinado aos programas, tinha um armário com estoque de toalhas e roupas de cama. O chão era forrado com carpete, acumulando muito pó. Ao fim da conversa, Richard me explicou as regras da casa e disse que eu poderia começar naquela tarde. Por segurança, nossos contatos deveriam ser sempre por ligação telefônica.

A casa começava a funcionar às 10h. Ele disse que os clientes eram regulares, pessoas com quem fazia "negócios" há anos; caso fosse um cliente novo, eu seria avisada, para que tomasse cuidado; por fim, caso houvesse um problema ou percebesse algum comportamento suspeito, deveria avisá-lo imediatamente.

Regras da casa de Richard:

1. Sempre verificar, no olho mágico, quem estava batendo à porta. Nunca atender ninguém que não seja o cliente e nunca conversar com vizinhos. Pelo fato de a campainha estar quebrada, os clientes já eram instruídos a bater à porta;

2. Deixar todas as cortinas fechadas;

3. Deixar a porta sempre trancada;

4. Pedir o dinheiro antes do programa, contar e guardar no outro quarto. O valor era U$ 240 por hora. Os U$ 40 de Richard ficariam em um envelope, dentro da gaveta do outro quarto. Não poderia pedir gorjeta, mas caso fosse oferecida, poderia aceitar;

5. Não deixar os clientes entrarem no quarto do Richard;

6. Lavar as toalhas e as roupas de cama usadas com os clientes;

7. O preservativo era minha responsabilidade, assim, deveria me programar para sempre ter suficiente. Era fornecido apenas lubrificante e materiais de limpeza;

8. Tirar o lixo com frequência, colocando-o no latão localizado do lado de fora da casa, em frente à garagem. Nas noites de quarta-feira, tinha que colocar o latão em frente à calçada para a coleta de lixo, que ocorria às quintas-feiras. Depois, recolher o latão da calçada.

Depois que me passou as regras, confirmei minha disponibilidade e ele me entregou uma cópia da chave. Foi embora e, em seguida, fiquei esperando sua ligação. Passadas algumas horas, ligou dizendo que havia agendado meu primeiro cliente para 19h. Ele era de Nova York e estava em Austin a trabalho. Por ser um cliente novo, deveria tomar cuidado, ficando em estado de alerta. Ainda assim, continuou dizendo que os clientes de Nova York costumavam ser os mais generosos.

Quando o cliente chegou, respirei fundo e, em seguida, confirmei seu nome antes de deixá-lo entrar. Ele aparentava ter 35 anos, era obeso e nada atraente.

Para recebê-lo, usei um vestido colado em tom azul royal e um *scarpin* na cor preta, que havia achado na suíte – por coincidência era meu número. Consegui ver em seus olhos a surpresa com minha aparência. Ele não tinha visto minhas fotos no site e imaginou alguém totalmente diferente.

Rindo, fomos em direção à suíte. A primeira coisa que fiz foi pegar o pagamento e ir até o outro quarto contar o dinheiro e guardá-lo na gaveta. Voltei e, para entrar no clima, coloquei músicas sensuais para tocar. Esforçava-me para não demonstrar nervosismo, e o fato de ele estar encantado comigo ajudou minha performance.

Ele parecia ser um cara legal, tentava interagir comigo. Mas quando começamos a transar, a última coisa que queria era escutar sua voz, principalmente porque ele estava com mau hálito. Em menos de cinco minutos, ele estava cansado e respirando com dificuldade, e pediu para que continuasse com sexo oral.

Meu estômago embrulhou, mas fiz o que pediu. Não queria que reclamasse de mim para Richard logo no primeiro dia. Ele não queria usar camisinha, mas menti, dizendo serem regras do cafetão.

Ele não me deu nenhuma gorjeta, o que foi decepcionante e humilhante. Quando foi embora, fui tomar banho me sentindo péssima por ter me sujeitado a um programa valendo tão pouco dinheiro.

Sentia vergonha e culpa, repudiando tanto o trabalho quanto o lugar. Não tinha certeza se teria estômago para aguentar a pressão. Ser *stripper* não era fácil, fazer programa já era um desafio, mas ser prostituta barata era abominável!.

Senti raiva de Kat por ter me convencido a aceitar aquela proposta absurda. Jamais quis aquilo e sabia que não precisava me sujeitar. Não estava me reconhecendo. Assim que a encontrei, disse tudo o que estava sentindo: estava enfurecida pela situação e falei que não iria mais trabalhar na casa de prostituição, tudo tinha passado dos limites.

Kat imediatamente começou a chorar, dizendo que Zach ameaçava largá-la. Insistiu para eu continuar fazendo os programas, pois precisava da minha ajuda financeira. Fora que, para nossos futuros negócios nos Estados Unidos, era essencial manter o casamento com um americano.

Segundo Kat, Zach estava com problemas financeiros por causa dela. Seu cartão estava com o limite de crédito estourado e, a cada dia que passava, o *bad credit score*[17] dele aumentava.

Ainda em lágrimas, disse: "É uma luta diária viver com depressão profunda. Já perdi tudo e não vou suportar mais uma perda. Não tenho mais esperanças. Quando entro nesse *looping* de pensamentos suicidas, não consigo sair. É mais forte do que eu. D, eu te imploro, me ajude, por favor! Não tenho amigos, nem família. Vocês são tudo que tenho. Vocês são minha família".

Partiu-me o coração vê-la naquele estado e não conseguia imaginar o remorso que sentiria caso ela fizesse alguma loucura consigo mesma. No fim, me senti egoísta por pensar apenas em mim. Foi quando concluí: "Ela nunca me abandonou, não posso largá-la em seu momento mais vulnerável".

Tinha um mau pressentimento sobre trabalhar para Richard, mas precisei passar por cima dos meus receios e ignorar a dor de fazer os programas, tudo pelo bem-estar dela.

Aproximei-me de Kat e segurei suas mãos com carinho, afirmando que ela não precisava se preocupar, eu continuaria lá. Iríamos conseguir o dinheiro para pagar as dívidas, limpar o nome de Zach e, assim, salvar o casamento deles. Estava me sentindo amedrontada com a situação, mas foi o que fiz.

Ela me deu um abraço apertado e respondeu: "D, não tenho palavras para agradecer. Você é minha melhor amiga, a família

---

17 Implica que o cliente do banco passa a ter condições menos favoráveis, com mais limitações na hora de conseguir qualificações para suas compras, seguros ou empréstimos.

que nunca tive. Eu não estaria aqui se não fosse por você. Muito obrigada!".

Como Kat não tinha cartão de crédito, e o de Zach estava com o limite estourado, ela pediu meus cartões emprestados, alegando que seria temporário e só usaria em caso de emergência.

Eu nunca havia emprestado nenhum de meus cartões de crédito antes, e em princípio jamais faria, mas confiava em Kat e não queria aborrecê-la ainda mais. Assim, concordei com seu pedido.

Naquele mesmo dia, recebi mensagem de Ryan dizendo que a pessoa que estava doente, havia falecido. Senti meu coração dilacerado, tive vontade de responder a mensagem, mas antes decidi mostrá-la para Kat.

Ela insinuou que ele era perigoso e estava usando a morte dessa pessoa para me manipular: "Ele está se aproveitando do seu bom coração para te usar. Nunca aceitou o fato de você ter o deixado. Ele te odeia e fará de tudo para se vingar. Bloqueie e esqueça que ele existe".

E continuou: "O que seria de você sem mim, para protegê-la e guiá-la? Eu falo que todos estão tentando tirar seu foco, mas você não me escuta. Eles não querem que você vença, todas as pessoas bem-sucedidas passam por isso. Precisamos estar sempre unidas, juntas somos mais fortes! Eu te treinarei e, um dia, será tão poderosa quanto eu, mas precisa me escutar e fazer exatamente o que mandar". Balancei a cabeça, concordando.

"Você já sofreu demais, já perdeu tempo demais, chega! É hora de focar em uma nova vida. Esqueça sua vida passada, ela não existe mais. O foco é o agora e o nosso futuro juntas! Vou fazer uma magia fortíssima para você quebrar os laços com seu passado. Vamos reprogramar sua mente e eliminar qualquer resquício negativo que esteja impedindo você de prosperar. Essa semana faremos uma hipnose com foco absoluto em dinheiro", ela seguiu.

"Para assegurar que você não está perdendo o foco e deixando seu lado emocional te sabotar, quero que delete suas redes sociais e me mostre todas as mensagens recebidas que não sejam de clientes. Com a vidência e o direcionamento das entidades, vou ver o melhor a ser feito em cada um dos casos. O importante é não deixar mais essas energias estagnarem sua vida", disse Kat, continuando depois.

"Além disso, precisamos deletar nossas conversas diariamente, para não corrermos riscos. Quanto mais dinheiro faturarmos, mais cuidado precisaremos ter. Nunca se esqueça, D. Você não pode confiar em ninguém além de mim. Só eu e os anjos queremos seu progresso! Desconfie de todos. Somos nós contra o mundo!", enfatizou.

Em seguida, Richard entrou em contato dizendo que tinha outro cliente. Arrumei-me e peguei um táxi. Quando escutei o cliente bater à porta, fiz o procedimento de segurança e, ao abrir, vi que era um garoto. Seu nome era Liam, devia ter por volta de 22 anos. Sua postura era retraída e tinha dificuldade de olhar nos meus olhos.

Eu o levei para o quarto e conversamos. Estava interessada em saber alguns detalhes sobre ele: estava no segundo ano de engenharia da computação e fazia estágio em uma multinacional. Perguntei se tinha alguma preferência ou posição, mas ele parecia incerto. Depois de uma longa pausa, confessou que era virgem. Não sabia o que responder, presumi que ele estava nervoso e precisava acalmá-lo. Fazia um tempo que eu não ficava totalmente no controle, os homens que atendia eram egoístas e egocêntricos.

Quebrando o gelo, perguntei por que tinha decidido perder a virgindade com uma garota de programa. Liam respondeu: "Não sei. Parecia uma ideia mais fácil. Meus amigos estão começando a pegar no meu pé, mas tenho dificuldade de conversar com mulheres e decidi marcar um programa".

Continuei conversando para deixá-lo mais relaxado, mas me intrigava o motivo de sua insegurança. Ele era jovem e bonito, mas seu nervosismo era tão grande que, mesmo fazendo tudo no tempo dele, não conseguimos concluir o programa. Liam foi embora triste, ainda mais inseguro.

Tomei um banho e, logo em seguida, recebi uma ligação do Richard, dizendo que havia mais cinco clientes na sequência. Tentei massagear meus próprios ombros para aliviar o estresse. Seria um longo dia. Quando finalmente fui atender o último, percebi que ele estava irritado, oscilava entre raiva e tristeza, impaciente. Busquei entender o que estava acontecendo e, depois de muita insistência, ele me disse que queria se vingar da esposa, que o havia traído com seu melhor amigo.

Ele começou a chorar e me perguntou se existia algo errado com sua aparência. Respondi que não, mesmo o achando estranho e desengonçado. Ficamos conversando, ele me contou seus problemas de relacionamento e suas inseguranças. Depois de uma hora conversando, ele me pagou, mesmo sem ter me tocado. Assim que foi embora, tomei banho e fui para o clube.

Chegando lá, estava indo para o VIP com um cliente, quando me perguntou se conhecia um site de relacionamentos entre *sugar babies* e *sugar daddies*. Disse que eu tinha perfil para lucrar nesse tipo de "acordo".

Depois de comentar com Kat sobre a existência desse site, ela ficou animada com a ideia, disse que eu deveria entrar. Foi ela quem me ajudou a montar o perfil, me ensinando a como conversar com os homens sem que eles percebessem que eu era garota de programa. Nesse site, não era tolerada prostituição, assim, tínhamos que driblar essa proibição para não ser banida.

Meu nome de usuário era *Sweetgirl* e meu perfil era da típica patricinha materialista. Em menos de um dia, meu perfil bombou. Recebi diversas mensagens e solicitações de homens e casais querendo me conhecer. Levou alguns dias para conseguir responder a todos. Achavam que eu era russa e, quando perguntavam meu nome, eu dizia que era Karina.

Fiz algumas chamadas de vídeo, os *sugar daddies* ficavam surpresos e, ao mesmo tempo, loucos para me conhecer, porque tinham certeza de que era a mesma garota das fotos. Achei bizarro. Para mim, era óbvio que as fotos eram minhas, e também não me considerava tão bonita a ponto de me confundirem com perfil falso.

Minha rotina passou a ser ainda mais insana. Tinha que me arrumar antes das 6h para Zach não me ver. Entre 10h e 10h30, recebia a ligação de Richard, passando o horário do primeiro cliente. Se o agendamento era pela manhã, pegava um táxi em frente ao café perto da casa de Kat e ia direto; se ainda faltassem algumas horas, esperava em uma cafeteria perto da casa de Richard.

Dividia meu tempo entre clientes agendados por ele e os *sugar daddies* que marcava, encaixando-os nos horários vagos. Com isso, saía da casa de Richard diversas vezes por dia.

Considerando que a maior parte dos clientes eram casados, os encontros aconteciam uma vez por semana, nos períodos da manhã ou da tarde. Raramente, durante noite ou madrugada. Eu só aceitava pagamentos por hora e em espécie, com uma média de valor entre U$ 300 e U$ 1.000. Depois de terminar os programas, ia para o clube e ficava até fechar, voltando para casa ainda de carona com o gerente.

Eu não gostava dos *sugar daddies*. Esse tipo de acordo é praticamente uma prostituição legal, mas com benefício desproporcional para os homens. Esse tipo de relacionamento é visto de forma glamourosa pela sociedade, mas totalmente distorcido da realidade. Achava mais digno ser prostituta do que *sugar baby*.

Eles queriam impor inúmeras demandas e pagando pouco, como: sexo sem camisinha ou anal, sem adicional por isso. Tentavam me controlar fazendo todos os tipos de perguntas. Queriam saber com quem eu falava, quando falava, o que fazia e quando fazia. Exigiam relacionamento exclusivo, querendo que obedecesse às ordens e satisfizesse todos os desejos sem questionar.

Também conheci *sugar daddies* multimilionários. Dinheiro não era problema, mas ainda assim muitos eram avarentos. E, quanto mais poderosos, mais perigosos e imprevisíveis se tornavam.

Nem todas as experiências pelo site foram horríveis. Dias depois, conheci Simon e, segundo ele, eu era tudo o que sonhava, atendia a todos os seus requisitos. Era aquele tipo de homem que me mantinha por perto para exibir aos amigos.

Ele tinha 45 anos, cabelos grisalhos e por volta de 1,90 m de altura. Simon gostava de jogar golfe e, por vezes, me convidava para acompanhá-lo em uma competição patrocinada pelo clube do qual fazia parte.

Enquanto Simon jogava, eu ficava próxima de seu carrinho, pronta para comemorar cada ponto que fizesse. Também estudava os outros membros do grupo. Apesar da maioria dos homens usar alianças de compromisso, suas acompanhantes tinham idade para serem suas filhas, até mesmo netas. Éramos as *sugar babies* deles.

Como esse torneio era realizado em uma cidade vizinha, Simon pegou o carro e me levou de volta a Austin, indo até sua casa. Ele morava em uma cobertura e, assim que passei pela porta de entrada, o seu cachorro, da raça Lulu da Pomerânia, correu em minha direção para pedir carinho.

Ficamos juntos por algumas horas, depois comecei a me arrumar para ir embora. Precisava ir ao clube para atingir minha meta financeira do dia. Quando peguei minha bolsa, Simon apareceu com uma taça de vinho e perguntou se eu poderia ficar mais tempo. "Se você for uma boa garota, posso te mimar mais um pouco", ele disse, me entregando a taça. "Posso te pagar um pouco mais se me fizer companhia, *baby girl*", completou.

Olhei para a taça e depois para ele. Perguntei qual seria o valor e aceitei. Sabia que, em menos de uma hora, Simon estaria cansado demais para transar, ainda mais se continuasse bebendo. Ele se levantou, foi até o cofre e voltou com U$ 1.000. Ficamos conversando em sua jacuzzi enquanto eu fazia massagem nas costas dele. Fez algumas perguntas, querendo me conhecer melhor. Respondi que morava na Alemanha e estava nos Estados Unidos de férias, queria me divertir.

Simon estava animado durante o jantar, contando sobre alguns pontos altos do seu dia. Vendo que já estava tarde, me convidou para descansar um pouco antes de eu ir embora. Não costumava dormir na casa de clientes, ainda mais quando não estava sendo paga para passar a noite. Assim, preferi ir embora. Em nossos encontros seguintes, cheguei a dormir em sua casa, mas ia embora antes que acordasse. Nossa relação evoluiu até o ponto em que me pediu em namoro.

Eu disse que não tinha planos de namorar, porque voltaria para a Alemanha em breve. Ele tentou me convencer a ficar nos Estados Unidos, se colocou à disposição para me ajudar com o visto K1 – um visto específico para noivos, mas teríamos 90 dias para nos casar. Esse plano era surreal para mim. Por isso, decidi que o melhor era não nos vermos mais.

Como de costume, em uma das manhãs, Kat foi ao meu quarto, animada, e disse que tinha ótimas notícias dos anjos com relação ao nosso futuro. Por conta do porte físico e de suas habilidades, Kat queria que Zach se tornasse lutador de MMA[18] profissional. Segundo os anjos, ele teria um futuro brilhante e ganharia milhões de dólares se seguisse essa carreira. Para realizar tais

---

18 Artes Marciais Mistas.

vontades, disse que era imprescindível que eu faturasse U$ 2.000, no mínimo, por dia.

Zach começou a ter aulas com um professor particular e treinava dia e noite para os campeonatos. Kat o acompanhava, treinando sua mente para a vitória. Ela chegou a montar uma academia, na suíte do primeiro andar, para que ele pudesse treinar. Ela também comprou uma cadeira de massagem para que pudesse se recuperar mais rápido dos treinos intensos. E, para ativar seu instinto ainda mais violento, ela o influenciou a fazer uma tatuagem de escorpião no peito.

Outro gasto imprevisto foi uma cirurgia nos olhos de Zach. Foi caríssima. Kat disse que ele não conseguiria ser um bom lutador se tivesse problemas de visão. Quanto mais ela gastava, mais altas eram minhas metas diárias.

Ela buscava novas formas para que eu faturasse. Encontrou uma agência de prostituição na internet e previa que conheceria clientes multimilionários para ganhar quantias altíssimas. Com esses lucros, Kat tinha um novo negócio em mente: comprar um iate e alugá-lo para lazer. Calculava ótimos retornos financeiros e dizia ser o *business* perfeito para o clima quente de Austin.

Essa agência de prostituição era administrada por um casal sagaz e desconfiado. Passei por um intenso interrogatório e tive que mandar uma cópia do meu passaporte antes de ser contratada. Lá, o termo usado para garotas de programa era *call girl*[19]. Eles funcionavam 24 horas por dia, por isso, eu poderia receber ligações a qualquer horário. Disseram que precisava estar sempre atenta ao celular, pois os clientes eram muito ricos e diferenciados, sendo atendidos imediatamente. Para os clientes da agência, eu me chamava Charlotte e era alemã.

---

19 Uma garota de programa que aceita encontros, por telefone ou online, geralmente para encontrar-se no endereço do cliente.

Aos poucos, ganhei a confiança deles. Conversávamos com frequência e sempre enfatizavam minha segurança. Diziam que, a qualquer sinal de perigo, eu deveria ir embora. Kat percebeu que meu rendimento era inconstante, disse que a energia da casa estava me deixando muito confortável, e isso era o oposto da energia do dinheiro.

Kat disse que eu precisava sair da zona de conforto para faturar mais. Ela estabeleceu que eu só voltaria para casa depois que batesse a meta diária de U$ 3.000. A necessidade de sobrevivência ativaria meu lado irracional. A princípio, achei a ideia uma loucura, mas sabia que seus métodos não convencionais traziam resultados rápidos.

De fato, passei a me esforçar ainda mais para bater as metas. Porém, independentemente de meu esforço e força de vontade, nos dias mais parados era quase impossível faturar U$ 3.000.

Nem tudo estava sob meu controle. Fazia o máximo, mas inúmeros fatores e contratempos externos influenciavam meus ganhos financeiros. Consequentemente, cheguei a dormir diversas vezes na rua por não conseguir bater a meta imposta por ela, que me mandava ficar acordada procurando clientes, afirmando que não podia desistir.

Frequentemente, ficava 24 horas acordada para atender o máximo de clientes e não perder nenhuma oportunidade. Tinha medo das entidades me punirem. Ela afirmava que preguiça e cansaço não eram da luz. Portanto, não podia me render ao cansaço se quisesse continuar sendo ajudada e protegida pelos anjos.

Kat dizia que eu não podia parar de trabalhar, correria mais riscos se desistisse. Minha energia ficaria estagnada e traria azar e consequências para todos na casa. Não podia ser egoísta e pensar só em mim. Agora, éramos um time e eu precisava pensar na proteção e no bem-estar de todos. Em todo esse período, tamanha era a influência dela no meu psicológico, que nunca me ocorreu o fato de ser a única a me expor e correr riscos, enquanto ela ficava com todo o dinheiro.

Meu foco era ganhar o máximo de dinheiro transando o mínimo possível. Os clientes precisavam ir embora satisfeitos para deixar uma generosa gorjeta. Com o tempo, percebi que, para ser uma boa garota de programa, era necessário ser uma boa atriz. Cada cliente tinha uma fantasia e meu trabalho era torná-la realidade.

Aprendi a explorar minhas reações, deixando evidente que estava gostando, mesmo que não estivesse sentindo nada. Meus clientes passaram a me idolatrar e não demorou para que alguns se apaixonassem – vários clientes retornavam na mesma semana. Houve casos de homens que foram cinco dias seguidos, enquanto outros me chamavam de duas a três vezes no mesmo dia.

A agência de prostituição recebia 20% do faturamento e me apresentava seus melhores clientes. Em pouco tempo, comecei a receber U$ 10.000 por programa, era muito dinheiro. Esse perfil de cliente não tinha interesse só em profissionais do sexo, mas sim em acompanhantes. Quando Kat soube desses valores, comemorou: "D, você é minha ídola! Sempre soube do seu potencial. Estou muito orgulhosa de você".

Por meio da agência, conheci Oliver. Ele era educado e sofisticado, mas tinha alguns excessos que me incomodavam. Eu os relevava por conta das grandes quantias que recebia, ele era um dos meus melhores clientes. No primeiro programa, marcou de nos encontrarmos no centro de Austin, em um renomado restaurante. Quando cheguei ao local, estava à minha espera, sentado em uma mesa e tomando vinho branco. Parecia ocupado respondendo mensagens no celular, e me aproximei observando cada detalhe.

Ele estava usando uma camisa social branca, por baixo de um blazer de linho. Pelo corte, dava para perceber que era de qualidade. Ele estava com a postura relaxada e, percebendo minha aproximação, sorriu e se apresentou. Seu cabelo era castanho e tinha topete, fazendo com que cada mecha estivesse bem posicionada. Era bronzeado e tinha o maxilar marcado.

Durante o jantar, se mostrou atencioso enquanto conversávamos. Deixou-me à vontade para pedir o que quisesse do cardápio e, em seguida, começou a me contar um pouco sobre seu trabalho, me dando detalhes de sua vida pessoal.

Oliver era de uma família tradicional e conservadora de Austin. Graduado na área de tecnologia, tinha uma empresa de desenvolvimento de *softwares*. Por isso, viajava com frequência para Silicon Valley, e todo seu espírito *workaholic* valia a pena porque ganhava o suficiente para bancar luxos.

Depois do jantar, fomos até seu carro luxuoso e partimos para a casa que ele havia alugado. Antes, Oliver parou em um estabelecimento estranho para retirar uma compra; voltou com um pequeno pacote em mãos, mas não o questionei.

A casa era enorme, com pé direito alto e uma arquitetura minimalista. Os móveis tinham uma tabela de cores neutra. Sem dúvidas, a vista da casa para um dos lagos da cidade foi o que mais me tirou o fôlego. Serviu-me uma taça de champanhe, dizendo que costumava dar festas com frequência e que eu estava convidada para a próxima. Quando tirou o blazer, aproveitei para cobrar o valor do programa e Oliver fez uma transferência. Enquanto abria o aplicativo para checar o valor, percebi que ele estava com um pino de cocaína nas mãos, jogando o pó em uma mesa de centro. Depois, pegou seu cartão de crédito para separar as carreiras. Observei, sem graça, enquanto ele cheirava. Perguntou-me se eu queria, mas recusei e só esperei que ele terminasse.

Depois disso, ele andou em minha direção, me beijou e me levou ao sofá. Pediu que eu ajoelhasse, abrindo sua calça. Sugeri que colocasse camisinha e ele concordou. Mantive-me empenhada em satisfazê-lo e, depois das preliminares, fomos para o quarto. Oliver pediu para que acendesse uma de suas velas eróticas e comecei a massageá-lo com a cera, já que, quando acesa, a vela se transforma em óleo para massagem. O quarto estava repleto de acessórios.

Quando chegou o mês de julho, eu estava exausta, era difícil dar conta da minha rotina cada vez mais caótica. Estava cansada, não apenas fisicamente, mas também mentalmente.

Meus clientes de maior poder aquisitivo recomendaram que eu entrasse em um site de acompanhantes de luxo, no qual encontraria clientes ricos. Kat achou uma ótima ideia, assim criei meu perfil. Meu nome era Giovanna e minha descrição era: "Garota inesquecível fará seus sonhos se tornarem realidade".

Os clientes poderiam me contratar como *escort*[20], para ser dançarina e para fantasias, fetiches e massagens. Estava disponível para homens, casais, mulheres, grupos e trans. Minha disponibilidade era *outcall*[21] e era classificada na categoria *Diamond VIP*, a mais alta do site. Os pagamentos dos clientes da agência e do site eram feitos em espécie, transferência ou diretamente para Kat.

Ela solicitava que eu transferisse enormes quantias para sua conta e para a de Zach, com o pretexto de que iriam começar a investir em nossos negócios. O restante do dinheiro era depositado na minha conta da Alemanha, para pagar meus cartões de crédito que estavam com ela. Neles, também estavam sendo cobrados o plano mensal do site de acompanhante e as viagens que eu fazia pelo aplicativo de carro.

Em meu primeiro programa pelo site, fui contratada por um executivo que pediu para encontrá-lo em seu escritório. Quando cheguei ao endereço indicado, era um conjunto de prédios comerciais. Segui as instruções que o cliente me enviou, além de

20 Pessoa paga para ser acompanhante, podendo também ser usado como disfarce por profissionais do sexo em locais em que a prostituição é crime.
21 Visita da garota de programa no endereço do cliente.

estar vestida de forma conservadora. Quando o encontrei, notei que ele era um homem mais velho, de aproximadamente 60 anos. Seu cabelo era escuro, escovado para trás e usava cavanhaque. Sua aparência me surpreendeu, até porque não tinha noção de como ele era. Inclusive, cheguei a considerar que poderia ser uma scam[22]. Pela forma como ele se vestia e falava, era explícito que tinha cargo importante. Ele me levou para a academia da empresa, no fim de um corredor.

Quando chegamos lá, o cliente disse que iríamos ao banheiro, porque daria para trancar a porta. Imaginei que faríamos o programa em um espaço apertado quando vi as cabines que separavam os vasos sanitários, mas ele me levou para o cômodo ao lado, que era grande e agregava uma área com ducha.

Depois que entramos no banheiro, o cliente trancou a porta e a primeira coisa que pedi foi o valor do programa. Sem contestar, me entregou U$ 1.000. Em seguida, desabotoou a calça e colocou seu pênis para fora. Sem rodeio, lembro de pensar: "Nossa! Isso não vai caber dentro de mim".

Assim que colocou a camisinha, ele quis iniciar o ato. Olhei para o piso e para ele, esperando que desse algum indício de que iria se deitar no chão, mas percebi que isso não ocorreria. Então, comecei a fazer meu trabalho. Estava apoiada contra a parede enquanto o cliente penetrava. Respirei fundo, a fim de controlar o desconforto que sentia por conta do tamanho. Por estarmos fazendo sexo em um local empresarial, precisávamos fazer silêncio para não chamar a atenção de ninguém.

Já estava dolorida e encontrava dificuldade para manter o equilíbrio, precisando me segurar na parede, enquanto ele aumentava o ritmo da penetração. De repente, escutamos um barulho do lado de fora e, com medo de que alguém o flagrasse, o cliente

---

22 Fraude.

interrompeu o programa, falando para eu aguardar cinco minutos antes de sair do banheiro.

Quando ele saiu, fiquei perplexa. O sexo tinha durado menos de cinco minutos e eu havia sido contratada pela hora. Mas não iria reclamar, considerando que era mais vantajoso para mim. Fiz o que ele pediu, me vesti sem pressa e, depois de alguns minutos, destranquei a porta do banheiro e verifiquei se o corredor estava vazio. Ao perceber que estava sozinha, caminhei apressadamente, com a cabeça baixa, até encontrar qualquer porta que desse acesso ao lado de fora do prédio.

Meu sucesso nos sites não era em vão. Trabalhava mais do que todas as garotas que conhecia e corria todos os riscos para receber propostas melhores. Aceitava todos os tipos de clientes, em qualquer horário, e encaixava o maior número deles ao longo do dia. Praticamente trabalhava 24 horas, sete dias por semana.

Mesmo atendendo cada vez mais clientes do site de acompanhante, sempre encontrava um tempo para aceitar programas com Oliver. Em cada um dos nossos encontros, recebia em torno de U$ 15.000. Em todas as vezes, era surpreendida com uma novidade. Particularmente, não sabia que existiam tantos apetrechos eróticos, como mordaça, *plugs* e outros itens que permeiam o mundo do BDSM[23].

Em um dos programas, estávamos em sua casa e ele pediu para que o acompanhasse até o banheiro. Deitou-se na banheira e pediu que fizesse um *golden shower*[24] em seu corpo. Estranhei, mas não queria perdê-lo como cliente, então cedi. Além desses pedidos inusitados, também me dava altas gorjetas quando usávamos cocaína juntos ou quando aceitava transar sem camisinha. Kat

---
[23] Sigla que explica e abrange diversas práticas sexuais que tenham *bondage* e disciplina, com foco em dominação e submissão, além de sadomasoquismo e comportamentos relacionados a esse tipo de relação.
[24] Significa chuva dourada na tradução literal para o português. É a expressão utilizada para o ato de urinar em outra pessoa no momento da relação, gerando prazer sexual.

sempre mandava fazer o que os clientes pediam, para ganharmos mais dinheiro.

Em poucos dias, Kat percebeu que Oliver era meu melhor cliente. Então, ela me aconselhou a continuar a ter relações com ele, sem camisinha e removendo o DIU[25]. Segundo ela, eu deveria vislumbrar a possibilidade de ter um filho com ele, seria um "investimento". Ela começou a me contar sobre seus arrependimentos da época de modelo, quando convivia com milionários, e que deveria ter aproveitado para engravidar de um deles.

Ela dizia que meus filhos nunca passariam pelos mesmos desafios financeiros que eu e poderiam ter um futuro próspero, sem preocupações. Discordei, dizendo que, se um dia fosse ter um filho, queria que fosse em um relacionamento de verdade, não somente por interesses financeiros.

Kat continuou me persuadindo em relação ao assunto e, com a urgência pela qual tratou o assunto, fez com que eu não tivesse tempo para pensar. No dia seguinte, fomos ao hospital remover o DIU.

Ela me instruiu a dizer ao médico que estava com dor. Assim, eles teriam que fazer uma remoção de emergência. Porém, no hospital, disseram que não poderiam remover o DIU; Kat ficou furiosa, mas não desistiu da ideia. Ela encontrou uma clínica que faria o procedimento de forma urgente e agendou a remoção para a mesma semana.

Quando fiz o procedimento para remover o DIU, a equipe médica me orientou a evitar relações sexuais por alguns dias, dizendo que era compreensível sentir desconforto. Ao chegar em casa, Kat me disse que deveria desconsiderar a recomendação médica e trabalhar, porque não poderia perder tempo. Segundo

---

25 Método anticoncepcional de longo prazo.

ela, a energia do dinheiro poderia sumir e seria mais difícil chegar ao nível em que eu estava.

Discordei veementemente. Estava com muita dor e não queria trabalhar naquelas condições. Enfurecida, Kat disse que eu não podia parar. Passou a me insultar e falou que eu era egoísta e que precisava colocar o bem da casa em primeiro lugar. Insistiu que éramos um time, nossa energia estava interligada. Se parasse, todos da casa seriam punidos, as consequências seriam seríssimas. Eu não suportava mais brigar com Kat, me sentia esgotada emocionalmente depois das nossas discussões, e ainda estava com fortes cólicas devido ao procedimento. Mesmo com dor, trabalhar me parecia a melhor opção.

Arrumei-me para ir ao clube e depois fui encontrar alguns clientes. Além do desconforto que senti na relação sexual, dias depois o problema se agravou, quando peguei uma forte infecção. O problema se intensificou ao longo dos dias, até se tornar uma dor insuportável.

Completamente doente, sem ter a mínima condição para trabalhar, procurei Kat para dizer que precisava ir ao médico. Ela disse que não precisava de médico algum, mas insisti. Ela cedeu ao ver minha dor. Chegando na clínica, fizeram todos os exames e constataram que meu útero estava machucado, logo, precisava ficar em repouso. Nesse momento, minhas desconfianças sobre suas intenções aumentaram. Há algum tempo, estava achando suas atitudes estranhas e seu caráter questionável, mas ignorava, justificando suas ações como vontade divina.

Desde o momento em que cheguei em Austin, ela tinha me garantido que nada aconteceria comigo, mas eu estava cada vez mais doente, esgotada emocionalmente e precisando de repouso imediato. Tive que tomar antibióticos por duas semanas. Essas inconstâncias estavam me deixando confusa. Por dois dias, fiquei em casa sem fazer programas, me concentrando apenas nas tarefas domésticas e trabalhando no clube. Porém, Kat começou a dizer que eu precisava voltar.

Ela disse que a culpa pela minha situação eram maldições das pessoas que queriam me destruir. Segundo ela, minhas dores eram psicológicas e, se não fosse forte, perderia meu poder e nunca mais ganharia dinheiro. Eu deveria ser corajosa e ignorar as dores.

Depois de um pequeno sinal de melhora, marquei um programa com Oliver. Quando estava a caminho de encontrá-lo, Kat me ligou desesperadamente, dizendo que tinha uma mensagem das entidades para mim. De acordo com ela, seria muito arriscado se engravidasse dele. Viveria em uma eterna prisão, já que seu perfil era controlador. Se isso acontecesse, ela não poderia mais me proteger.

Tomei o máximo de cuidado em nosso encontro, usando preservativo. Depois disso, comecei a tomar anticoncepcional porque tinha medo de engravidar. Kat me orientou a tomar continuamente para não menstruar, e o efeito colateral nas semanas seguintes foi notório: mudanças de humor, seios inchados, acnes, retenção de líquido, entre outros problemas.

Depois disso, passei a tomar anticoncepcional da forma correta. Algumas vezes, recorri à pílula do dia seguinte também. Por vezes, tomei duas na mesma semana; em situações extremas, três. Meu corpo estava explodindo! Nesse período, atendi um cliente na casa de Richard – era um homem de estatura mediana, cabelos loiros e algumas manchas de sol no rosto. Não me sentia muito confortável em sua presença, ele falava pouco.

O sexo era desajeitado e incômodo, como se o cliente não soubesse o que estava fazendo ou qual ritmo queria. Eu até tentava conduzi-lo, mas ele era rude em suas respostas corporais.

Em nosso último encontro, fui guardar o dinheiro no outro cômodo e, quando voltei, começamos. Porém, algo dentro de mim dizia que eu estava sendo filmada e me alertava para parar. Olhei para o celular dele e vi que estava em uma posição estranha. Parei o que estávamos fazendo e, imediatamente, fui checar. Ao pegar o celular, vi que estava sendo gravada. Comecei a gritar, apaguei o vídeo e mandei-o embora. Liguei para Richard e contei o que tinha acontecido, explicando que nunca mais veria esse cliente.

Meus dias eram cada vez mais imprevisíveis. Tomava muita cafeína para me manter acordada, principalmente em dias de calor, e com frequência tinha dores de cabeça, taquicardia, crises de ansiedade e falta de ar. Tomava, em média, cinco latas de energético e dez copos grandes de *matcha* por dia. Até meus clientes perguntavam se eu dormia, porque era evidente meu cansaço. Estava sempre disponível no site de acompanhante e ia ao encontro deles em qualquer horário, dia e noite.

Algumas vezes, cheguei a desmaiar no meio dos programas e não sei o que os clientes faziam com meu corpo até eu acordar. Uma vez, após um desmaio, acordei sozinha no quarto e, ao tomar banho, percebi minhas partes íntimas mais sensíveis. Estava em um estado contínuo de *burnout*[26].

Como estava fazendo sucesso e chamando atenção, conversei com Kat sobre meus receios em relação à visibilidade que estava tendo e os riscos que, para mim, estavam aumentando. Ela me tranquilizou, dizendo que estava paranoica, não havia nada a temer. Além disso, disse que ninguém sabia que morávamos juntas, muito menos o endereço da casa. Kat dizia que, se fôssemos descobertas, ela contornaria a situação com a estratégia de "nos fazermos de loucas", falando coisas sem sentido.

Eram constantes suas mudanças de comportamento, como se tivesse múltiplas personalidades. Cada dia tinha um plano novo,

---

26 Síndrome de Burnout, ou Síndrome do Esgotamento Profissional, é caracterizada como um distúrbio que afeta o lado emocional da pessoa, levando-a a sintomas como: estresse, exaustão e esgotamento, resultante de situações provenientes do trabalho, como excesso de responsabilidade e competitividade no ambiente profissional.

sempre agindo de uma forma diferente. Seu plano mais inusitado era de que eu virasse atriz pornô. Dizia, entusiasmada, que faturaria milhões de dólares com os filmes, mas eu era totalmente contra, dizendo que jamais me submeteria a tamanha exposição.

Além disso, ela nunca cumpria o prometido. Dava as mais absurdas desculpas e inventava cada vez mais mentiras para eu bater metas mais altas. Cansada de questionar, tornava-me mais submissa às suas ideias. As falas faziam cada vez menos sentido e não havia congruência em suas ações.

Às vezes, ela me cobrava para estar em forma, mas eu não podia fazer exercícios físicos. Cobrava que ganhasse mais dinheiro para investir em nossos negócios, mas nenhum deles saía do papel. Dizia não haver amizade entre nós, que nossa relação era estritamente comercial, mas depois afirmava que éramos melhores amigas, uma família. Quando a confrontava, ela me dava inúmeros motivos para justificar suas ações e decretava: as ordens divinas não podiam ser questionadas.

Era como se eu estivesse em uma espécie de transe. Quando ficava mais consciente e percebia o que Kat fazia, a confrontava, mas ela mudava suas táticas e criava situações inesperadas. De alguma forma, mais envolvida eu ficava. Não reconhecia meu reflexo no espelho – era eu, mas não sendo eu. Kat me submetia a humilhações e isso desencadeou vergonha e culpa, fazendo com que jamais tivesse coragem de pedir ajuda à minha família ou amigos. Falar sobre qualquer coisa, naquele momento, estava fora de cogitação. Estava perdida e com medo. Ao mesmo tempo, pensava: "Já cheguei até aqui, faturei mais de U$ 150.000".

Kat sempre dizia que nossos negócios estavam indo bem, estávamos perto de nossos objetivos e desistir não era uma opção, seria um sinal de fraqueza. Com isso, continuei me empenhando para ganhar quantias cada vez mais altas, para que Kat parasse de me pressionar. Por meio do site de acompanhantes, pude conhecer clientes mais ricos e poderosos: banqueiros de Wall Street, produtores de Hollywood, atletas, celebridades, médicos, advogados, empresários, engenheiros de *software* e pilotos. Além disso, eram também de diferentes nacionalidades: indianos, mexicanos, russos, árabes, italianos, britânicos, alemães, asiáticos e, claro, americanos. Meu objetivo era arrancar cada centavo de suas carteiras.

Um dos clientes que atendi pelo site de acompanhantes disse que estava de passagem pela cidade, queria diversão. Estava hospedado em um hotel cinco estrelas e pediu que eu fosse discreta. Pelo hotel em que estava, sabia que seria um cliente muito rico.

Quando cheguei, me senti desconfortável por não estar vestida adequadamente. A sensação era de que todos me encaravam com expressão de julgamento. Mesmo assim, mantive meu propósito e fui até o elevador, subindo para o 30° andar.

Bati à porta, ele abriu. Era um homem de, no máximo, 35 anos. Pele negra e cerca de 2 m de altura. Vestia uma camiseta preta despojada, uma calça de moletom e meias. Seus músculos saltavam pelas mangas da blusa. Era lindo e atraente. Quando entrei no quarto, vi o uniforme de um time de basquete de uma das principais ligas esportivas profissionais. Aquele homem, além de bonito, era famoso. Eu me perguntava: "Por que ele quer pagar para uma mulher transar com ele? Deve ter várias implorando por uma noite em suas DMs".

Mas acredito que essa era a questão: ele não queria só uma mulher. Queria uma atriz, uma performance, alguém que entendesse seus desejos e não o julgasse por querer realizar suas vontades. E, é claro, essa escolha tem um preço.

Ofereceu-me um drinque e aceitei. Ele foi ao mini bar e colocou uma dose de whisky em cada copo, com duas pedras de gelo. Perguntou sobre mim, contou um pouco da sua profissão, disse que tinha jogo na cidade naquele final de semana. Conversamos um pouco e, logo, colocamos nossos copos de lado. Ele me pegou no colo e me jogou na cama. Não era agressivo, sabia o que queria. Com suas mãos enormes, segurou meu pescoço e se aproximou lentamente da minha boca. Beijou-me. Mesmo estando lá como profissional, ele queria me agradar.

Na sequência, me convidou para ir à piscina. Respondi que não tinha biquíni, então ele levantou, desceu até o saguão do hotel, entrou em uma das lojas de luxo e comprou roupas de banho para mim. Fomos para a piscina. Ele tentou se aproximar no bangalô, que ficava à beira da piscina, mas o afastei por medo de sermos pegos. Depois, me convidou para irmos à sauna e lá cedi a todas as suas vontades. Ficamos juntos por algumas horas e, ao final, ele transferiu a diferença pelas horas adicionais do programa e mais U$ 2.000 de gorjeta.

Estava indo embora quando meu telefone tocou. Era outro cliente, chamado Bill. O valor do táxi foi mínimo, porque estava hospedado em um renomado hotel a apenas algumas quadras de distância de onde eu estava. Quando cheguei, encontrei-o na entrada do hotel e fomos em direção ao quarto. Ele estava hospedado na suíte presidencial. Era um homem mais velho, acredito que tinha por volta de 55 anos. Cabelo preto tingido e cavanhaque grisalho, além de um bronzeado e olhos azuis.

Ele me perguntou se eu havia testado positivo para COVID-19 recentemente, mas afirmei que não. Ele era neurocirurgião e estava na cidade para realizar uma cirurgia de emergência no dia seguinte. Dessa forma, não poderia correr riscos; ironicamente, nosso encontro era um risco. Para minha surpresa, já havia outra garota de programa no quarto. Puxei Bill para a sala da suíte para termos mais privacidade. Estava furiosa por não ter me avisado antes e disse que esse não era nosso combinado. Por isso, só ficaria se ele pagasse o dobro.

Ele se desculpou e pagou o dobro mais a gorjeta. Por ser casado, fez a transferência de uma conta profissional. Pediu uma garrafa de champanhe e disse que teríamos uma noite maravilhosa juntos. E, assim, nós três fomos tomar banho juntos.

    Momentos depois, o celular dele tocou. Ele fez sinal de silêncio para nós, pois era sua esposa. Ele disse: "Oi, meu amor, tudo bem? Já cheguei no hotel, comi um *gnocchi* com molho rosé. Vou me deitar daqui a pouco, estou cansado. Boa noite, meu amor, falo com você amanhã, depois da cirurgia. Também te amo", e desligou o telefone.

    Como se nada tivesse acontecido, colocou uma *playlist* de música eletrônica e dançamos enquanto bebíamos champanhe. Nós duas o massageamos e, em seguida, começamos. Ele nos beijou, depois eu e ela nos beijamos e nos tocamos. Ele sentou e nos assistiu. Cedemos à sua imaginação, fizemos tudo o que nos foi pedido. Horas depois, fomos embora.

    No final de julho, minha rotina estava frenética. Trabalhava em cinco lugares ao mesmo tempo e ainda passei a fazer alguns clientes VIPs, que um dos DJs do clube me passava – em troca, ele recebia 20% de comissão. O resultado foi o faturamento de U$ 200.000.

    Quanto mais alto o custo dos programas, mais fetiches estranhos apareciam. Um de meus clientes fixos era Jacob. Seu rosto era repleto de espinhas, tinha uma irritação crônica na garganta. Normalmente, vinha com cheiro forte de bebida alcoólica misturado com café. A única coisa que ele requisitava era que me sentasse na beira da cama com os pés descalços. Ele os massageava e os colocava em sua boca e, enquanto isso, se tocava e desfrutava de seu momento de prazer.

    Outro cliente regular era Ethan. Sempre que nos encontrávamos, ele pedia para que eu o xingasse e gritasse, dizendo que ele era horrível. Sentia-me constrangida em fazer isso, mas, depois de um tempo, entendi que era a forma de se sentir melhor com suas inseguranças. Suponho que usava esse momento como uma espécie de terapia.

Os sites estavam me proporcionando tanto dinheiro que não fazia sentido continuar trabalhando para Richard. Tempo era dinheiro, e o meu valia muito mais do que U$ 200. Como os clientes de Richard não eram mais minha prioridade, desmarcava todos de última hora para atender aqueles que pagassem mais. Assim, ele passou a colocar outras meninas na casa, mas elas não eram discretas. Por vezes, a polícia foi chamada pelos vizinhos.

Alguns clientes também me disseram que Richard já havia sido preso antes. Com isso, tomei a decisão de não trabalhar mais para ele. Kat tentou argumentar, mas concordou que não valia a pena correr esse risco. Richard, por outro lado, tentava me persuadir a voltar. Mandava mensagens, dizia que o movimento não era o mesmo e que os clientes perguntavam sobre mim. Ele chegou até a dizer que, se minha decisão de sair fosse por conta da contratação das demais profissionais do sexo, ele as mandaria embora. Dias depois, descobriu meu perfil no site de acompanhantes e ficou furioso.

Enquanto isso, a agência de prostituição vinha me sabotando há um tempo. Os clientes pediam meus serviços, mas a empresa dizia que eu não estava disponível. Porém, quando clientes milionários insistiam por mim, a agência me ligava desesperada, me pedindo para resolver a situação. Isso estava me deixando irritada, pois sempre fui profissional. Muitos clientes me procuravam por fora, mas nunca os encontrava caso não fosse por intermédio da agência.

Uma semana depois, o site da agência saiu do ar e os donos desapareceram. Imaginei que tinham sido presos. Os clientes não paravam de me procurar, pagavam mais de U$ 10.000 por programa. Por ter muito dinheiro em jogo, Kat e eu concordamos que deveria seguir saindo com eles por fora.

Dias depois, os donos apareceram. A mulher estava doente, havia sido internada. Houve uma briga entre eles, culminando no rompimento da sociedade. Como em todo relacionamento conturbado, voltaram dias depois, mas não eram levados a sério entre as garotas de programa.

Por conta da internação dela, eles estavam desesperados por dinheiro e, quando descobriram que eu havia atendido alguns clientes por fora, me **ameaçaram de morte**. Fiquei apavorada. Pensava que poderiam me chamar pelo site de acompanhantes, passando-se por clientes, e fazer algo comigo. Completamente paranoica, passei a tomar ainda mais cuidado.

No começo de agosto, comecei a diminuir minha frequência no clube, porque continuava vazio e só perdia dinheiro. Sem contar que os gerentes e DJs desconfiavam do meu comportamento, dizendo que eu estava diferente. Eles demonstraram preocupação.

Faziam inúmeras perguntas e era cada vez mais difícil inventar desculpas. Chegaram a afirmar que eu estava em situação de **tráfico humano**. Ri alto e disse que eles tinham uma imaginação fértil. Pensava: "De onde tiraram essa ideia?". Contei para Kat e ela também riu. Disse que não tinha mais nada no clube, assim, deveria focar nos clientes.

Passei a trabalhar exclusivamente nos sites, e essa independência me trouxe oportunidades financeiras ainda melhores, ganhando mais dinheiro em menos tempo. Em agosto, faturei U$ 230.000. Aceitava todos os tipos de clientes e, assim, fui contratada por um casal.

O programa aconteceria no apartamento deles. Quando cheguei, a mesa de jantar estava posta. A mulher se chamava Sarah – era alta, loira e atraente. Ela me cumprimentou e ofereceu vinho branco, enquanto seu marido, Martin, terminava de preparar o jantar.

Sarah parecia nervosa, acredito que não tinham costume de contratar profissionais do sexo. Eles me convidaram para sentar à mesa e Martin fez uma transferência. Eu agradeci, estava tudo impecável. Foi servido *tortellini* recheado com queijo de cabra e nozes, com molho reduzido no champanhe. Martin era *chef* de um famoso restaurante em Austin. Estava tudo divino.

Depois do jantar, eu e Sarah nos sentamos no sofá, enquanto Martin retirava os pratos da mesa. Pude sentir suas mãos acariciando minhas pernas com delicadeza, como se ela precisasse pedir permissão a mim.

Logo, Martin se juntou a nós, eu estava sentada no meio. Ficamos nos olhando por alguns segundos, enquanto tocava uma música instrumental ao fundo. Ela começou a chegar cada vez mais perto e me beijou. O beijo foi se intensificando e senti as mãos dele nas minhas pernas. O casal começou a se beijar e, em seguida, ele me beijou.

Sarah se deitou no sofá e me puxou em sua direção, me beijando enquanto Martin nos observava. Ela era delicada, cheirosa e tinha uma voz agradável. Começamos a nos tocar de maneira alternada, para que o casal pudesse sair satisfeito. Eu não sentia vontade de me relacionar com mulheres, mas aquela experiência, nem de longe, foi a pior. Fazer programas com casais era mais seguro e com maior cachê.

Enquanto isso, Kat continuava gastando. Um de seus gastos frequentes era com a decoração da casa que, segundo ela, era essencial para a energia de todos que moravam lá. Além dos móveis, ela comprava cristais, plantas e fez decorações especiais para a primavera e o Halloween.

Os gastos semanais com as bruxarias variavam entre U$ 1.000 e U$ 3.000. Para Kat fazer seus feitiços e destruir seus inimigos, cheguei a ir em uma loja satânica que vendia artigos macabros. Foi uma experiência assustadora. Ela também me fez comprar uma tenda para montar seus altares no jardim, pois não cabiam mais dentro da casa. Ter uma tenda repleta de velas queimando em pleno verão texano era uma péssima ideia e, como esperado, uma das mesas pegou fogo e derreteu.

No meu quarto também havia cada vez mais magias. Em uma madrugada, cheguei cansada e acabei pegando no sono enquanto as velas derretiam. Uma delas encostou no edredom, que começou a queimar. O alarme da casa disparou, mas minha exaustão era tamanha que não acordei. Uma das clientes que morava na casa entrou e me acordou. Se não fosse por ela, o pior poderia ter acontecido.

Também começou a ficar complicado frequentar os mesmos cafés, principalmente nas madrugadas. Na maioria das vezes, eram os mesmos funcionários, que começaram a desconfiar do meu comportamento. Precisávamos também driblar os bancos, que começaram a suspeitar das movimentações de dinheiro. Nossas contas eram frequentemente bloqueadas. Quando isso acontecia, Kat simplesmente surtava, como se a culpa fosse minha. Por exigência dela, eu andava com enormes quantias de dinheiro vivo na minha bolsa. Os riscos só aumentavam. Sentia que era apenas questão de tempo até que fôssemos pegas.

Frequentemente, Kat me mandava ligar para meu banco na Alemanha pedindo para desbloquear o cartão de crédito, que estava travado por uso suspeito. Quando falava com eles, descobria que ela havia tentado usar meu cartão para passar quantias altíssimas. O banco, por suspeita de fraude, o bloqueava.

No início de setembro, conheci Peter pelo site de acompanhantes. Ele era alto, com cabelos castanhos e levemente ondulados. Usava boné virado para trás para parecer mais jovem, mas tinha por volta de 45 anos. Era um artista digital, trabalhava com venda de NFTs[27] e usava palavras como *hip*[28] e *lit*[29]. Seu jeito era infantil e desengonçado.

Ele pediu para que o encontrasse em sua casa, mas na verdade era a edícula da casa de seus pais. Ainda eram eles que sustentavam Peter, bancando suas drogas, prostitutas e o sonho de ser artista. Às vezes, quem me recepcionava era o pai dele, que inclusive me entregava o dinheiro do programa e brincava: "Qualquer dia, você tem que vir aqui por mim, hein?". Eu ria e concordava, dizendo que tinha meu número quando precisasse.

Em um dos programas, encontrei Peter no centro da cidade. Ele estava fazendo compras e me disse que estava com bloqueio criativo, precisando liberar sua tensão com luxos e sexo. Entramos em seu carro esportivo e ele dirigiu até a sua casa. Durante o trajeto, desabotoou a calça e pediu que eu fizesse um carinho especial nele. No meio da rodovia, com os vidros abertos, começamos o programa. Chegando em sua casa, ele estacionou, desafivelou meu cinto e pediu para eu sair do carro. Ele acendeu as luzes da garagem e trancou as portas. Pegou-me com força, me pressionou contra o capô do carro e, com uma das mãos, puxou meu cabelo enquanto beijava meu pescoço. Terminamos o programa ali mesmo.

Estava ganhando muito dinheiro. Kat, eufórica, surgia todos os dias com novas ideias e planejamentos. Pesquisava formas de multiplicar nossas economias e eu acreditava que éramos amigas

---

27 Sigla utilizada para o termo em inglês *non-fungible token* (token não fungível, em tradução literal para o português). O token, quando falamos em criptomoedas, é uma representação digital de um determinado ativo, que pode ser dinheiro, uma propriedade ou, até mesmo, uma obra de arte. Ela deve estar registrada em *blockchain*, uma tecnologia criada no final de 2008. Sendo assim, se a pessoa possui um token de qualquer propriedade, tem direito a este ativo, pelo menos à parte dele. Fonte: https://www.infomoney.com.br/guias/nft-token-nao-fungivel/. Acesso em 30.10.23.
28 Gíria utilizada nos Estados Unidos que quer dizer algo inovador ou descolado.
29 Gíria dos Estados Unidos que significa algo divertido, que também pode ser emocionante.

e sócias. Um dia, ela propôs comprarmos uma fazenda, pois criar gado dava muito lucro. Seria, também, uma forma de legalizar o dinheiro que ganhávamos.

Ela passou a procurar terrenos e, em poucos dias, viajou com o marido para algumas cidades próximas, procurando o lugar perfeito. O terreno deveria ser plano, precisaria ter um lago enorme e múltiplos espaços para a criação de diferentes animais. Enquanto eles estavam em busca da fazenda perfeita, fiquei encarregada de fazer todas as tarefas domésticas. Ou seja, durante a ausência deles, minha jornada de trabalho ficou ainda mais exaustiva.

Em meados de setembro, tinha me tornado uma máquina de ganhar dinheiro. Trabalhava como um robô e dormia nos táxis, indo de um cliente para outro. Nos intervalos, tinha que voltar para casa para limpar, cuidar dos animais e regar as plantas.

Kat desistiu de fazer Zach se tornar um lutador. Com a ativação do instinto animal dele, ficou difícil controlá-lo, e ele ainda queria largá-la. Seu plano era engravidar o quanto antes para "prendê-lo". Ela aproveitou essa viagem para tentar de todas as formas alcançar seu objetivo. Segundo Kat, era ordem dos anjos. Eles teriam dito que seu filho seria um famoso ator de Hollywood e, desde pequeno, seria reconhecido, ganhando milhões de dólares. Dizia ainda que, quando seu filho nascesse, a única pessoa em quem confiaria seria eu. Além dos programas, cuidar dele seria minha nova missão.

Eles viajaram para Nova York, depois foram para Las Vegas. Eu já não acreditava mais nela. Para ajudar, comecei a receber notificações no celular, indicando compras que estava fazendo com meu cartão de crédito. Os gastos eram com hotéis cinco estrelas, shows de teatro, lojas de grife, além de saques.

Fiquei com ódio. Não dormia, estava escravizada e ainda bancava a vida de luxo dos dois. Era indiscutível que Zach também sabia o que eu fazia. Meses antes, ele havia achado uma caixa de camisinha que estava no lixo da casa. Porém, desfrutava do dinheiro, por isso, escolheu ignorar e aceitar os fatos. Eu estava determinada a fugir, mas mudava de ideia todas as vezes, pois pensava que ela poderia me denunciar por prostituição ou fazer com que suas entidades me amaldiçoassem.

Quando eles voltaram, Kat disse que a Voz tinha preparado um novo momento para nós, portanto, deveríamos pintar nossos cabelos. O tom escolhido para mim era loiro platinado, igual ao dela. A mudança de cor elevou minha autoestima, os clientes amaram e passei a faturar ainda mais dinheiro, gerando rendimento de U$ 280.000 em setembro. Mesmo insatisfeita, para executar qualquer plano eu precisaria ter os recursos necessários.

Uma semana depois, recebi um telefonema de um novo cliente. Chamei um táxi e fui ao seu encontro, mas no caminho percebi que estávamos ficando cada vez mais isolados. Entrei no site para conferir se o endereço estava certo. O cliente morava em uma cidade vizinha, em uma região afastada.

Estávamos no meio do nada, o vizinho mais próximo estava muito distante. Antes de descer, o taxista perguntou se eu queria voltar. Agradeci e disse que estava tudo bem.

O cliente abriu a porta assim que escutou o carro ir embora. Era magro, com sobrancelhas marcadas e olhos escuros. Senti medo por estar tão longe, mas ele sorriu e pediu que eu entrasse. Sua casa era minimalista, os móveis eram assinados por importantes designers. Ele me elogiou e ofereceu vinho, mas como a garrafa já estava aberta, optei por não beber, porque sentia que havia algo errado.

Ele usava uma calça de alfaiataria perfeitamente passada e uma camisa branca dobrada minuciosamente. Parecia ser sistemático e controlador. Com a voz branda, disse que tinha crescido em Austin e trabalhava no gabinete de um deputado. A escolha por morar isolado era para distraí-lo da rotina estressante.

O cliente abriu uma gaveta na cozinha e me entregou U$ 4.000. Em seguida, me puxou pelo braço e fomos até o quarto. Foram 60 minutos em que precisei me conter, mas a cada movimento que ele fazia, sentia o medo crescer. Depois do sexo, começou a falar sobre seu dia a dia no gabinete. Disfarçadamente, peguei meu celular, fingindo que estava recebendo uma mensagem. Na verdade, queria checar se havia táxi disponível para ir embora. Para meu desespero, não havia motoristas na região.

Quando ele percebeu o que eu estava fazendo, disse: "Você sabe que não tem táxi aqui, né? Amanhã de manhã, te levo para onde quiser". Meu semblante entregou meu desespero, mas tentei disfarçar, disse que estava passando mal e achava melhor ir embora.

Porém, ele percebeu meu medo e pegou a chave do carro, pedindo para que o acompanhasse. Eram 23h, estava escuro; tentei me acalmar, mas meu coração disparou ainda mais. Na estrada, não havia sinal de outro carro. Estava em choque, acreditava que ele faria algo ruim comigo. Silenciosamente, pedi para Deus me proteger.

Eu o olhava com cautela para não demonstrar desespero. Contudo, ele percebeu e começou a frear o carro abruptamente, dizendo em seguida: "Por que você está com essa cara? O que fiz de errado? Cozinhei, ofereci vinho, fui simpático e respeitoso. Fiz tudo para agradar e você retribui assim?".

Tentei contornar a situação, mas a forma como ele falava me assustou ainda mais. Começou a ficar agressivo e a gritar. Eu não sentia mais as pernas, tinha certeza de que me mataria e jogaria meu corpo no meio do nada. Respirei fundo e me mantive em silêncio. Novamente, ele brecou o carro e tentou puxar minha bolsa, pedindo o dinheiro do programa de volta. Eu disse que não devolveria e ressaltei que ele estava me assustando.

Ele parou o carro em frente a um posto de gasolina em uma estrada isolada e me mandou descer. Sozinha, me senti aterrorizada.

Achava que, mesmo tendo saído de seu carro, estava me observando para me matar. Tentei ligar para Kat, que não atendeu o telefone. Andei mais de uma hora, até encontrar um pequeno centro comercial com alguns bares e restaurantes. Lá, consegui me recompor e chamei um táxi de volta para casa.

No dia seguinte, Kat e eu tivemos uma briga. Ela repetia para parar de me preocupar, dizendo que as entidades estavam me protegendo e que não tinha nada o que temer. Tentei contestar, mas ela deu um basta. Em tom sério, disse que não iria se estressar comigo, porque estava tentando engravidar e, em breve, faria uma inseminação artificial.

Chegou ao ponto em que minhas roupas estavam em estado deplorável. Ainda assim, quando pedi dinheiro para comprar novas, Kat disse que eu estava sendo fútil. Precisei implorar, falando que não poderia atender os clientes com as roupas rasgadas, isso afetaria nosso lucro.

Com o início do outono, não esperava que a estação me trouxesse mais oportunidades. Porém, nessa época do ano, Austin era conhecida pelos festivais de música, que duravam duas semanas. A cidade estava no auge e eu praticamente não dormi durante o período por conta da altíssima demanda. Com o festival, a cidade começou a receber turistas de todos os estados; comecei a atender novos clientes pelo site e tive uma experiência diferente quando fui contratada por um indiano.

Enquanto me deslocava até o local, a única informação que tinha era de que seria uma festa e teria outra garota de programa. Pensei se tratar de um grupo de amigos, mas, ao chegar, percebi que era uma família. Estavam na festa: quatro tios, três primos, dois cunhados e dois irmãos.

Ravi foi quem me contratou e me recepcionou. Foi simpático, informou que estava aproveitando o final de semana, já que a esposa havia viajado para passar um tempo com seus familiares. No centro da sala, a mesa estava repleta de pratos típicos e eu aceitei jantar com eles. Em seguida, Ravi fez o pagamento de U$ 24.000 pela noite: metade em espécie e a outra parte via transferência.

O tio de Ravi me deu uma fantasia, pedindo que a usasse. Em seguida, solicitou o mesmo para a outra garota de programa que estava lá. Com todos os homens sentados no sofá, comecei a dançar para eles assim que Ravi escolheu uma música. Continuei dançando até um dos homens decidir ir comigo até o quarto. Eles se revezavam entre mim e a outra profissional. No quarto, atendia seus desejos, individualmente.

Quando me preparava para ir embora, Ravi veio agradecer e me deu mais U$ 3.000 de gorjeta. Agradeci e disse que poderíamos marcar novamente, já que sua mulher passaria algumas semanas viajando.

Enquanto esperava o taxista, era possível escutar o barulho da casa. Concluí que os vizinhos não se importavam e suspeitei que Ravi promovia essas festas com frequência.

Dentro do táxi, aproveitei para responder algumas mensagens de Kat. Estava mexendo no celular quando uma sirene começou a tocar atrás de nós. Fiquei em pânico, cogitando que algum vizinho de Ravi poderia ter feito uma denúncia. Senti meu coração acelerar. O motorista parou o carro, o policial veio até nós e fez inúmeras perguntas, até pedir que saíssemos do veículo. Procurei controlar minha respiração para não deixar o pânico transparecer. O policial me encarou minuciosamente e pensei: "Se ele olhar minha bolsa, estou ferrada". Não tinha como justificar tanto dinheiro. Eu seria **presa**!

O policial foi até o carro e, minutos depois, outra viatura apareceu. Mesmo nervosa, reparei que o motorista estava ficando exaltado, enquanto o policial o mandava ficar quieto. Sem entender o que estava acontecendo, o policial deu voz de prisão ao motorista, que estava sendo acusado de transportar drogas. Pensei que eu também seria presa. O policial o algemou e o levou para a viatura, enquanto outro veio me pedir desculpas pelo ocorrido e recomendou que chamasse outro táxi.

    Eles foram embora e me deixaram sozinha no meio da rodovia. Fui para casa guardar o dinheiro, pois precisava me recompor desse susto. Assim que entrei no táxi, senti meu estômago embrulhar. Tinha corrido um risco enorme e me perguntava: "Se isso acontecer de novo, eu vou ser presa? O que vai acontecer comigo?".

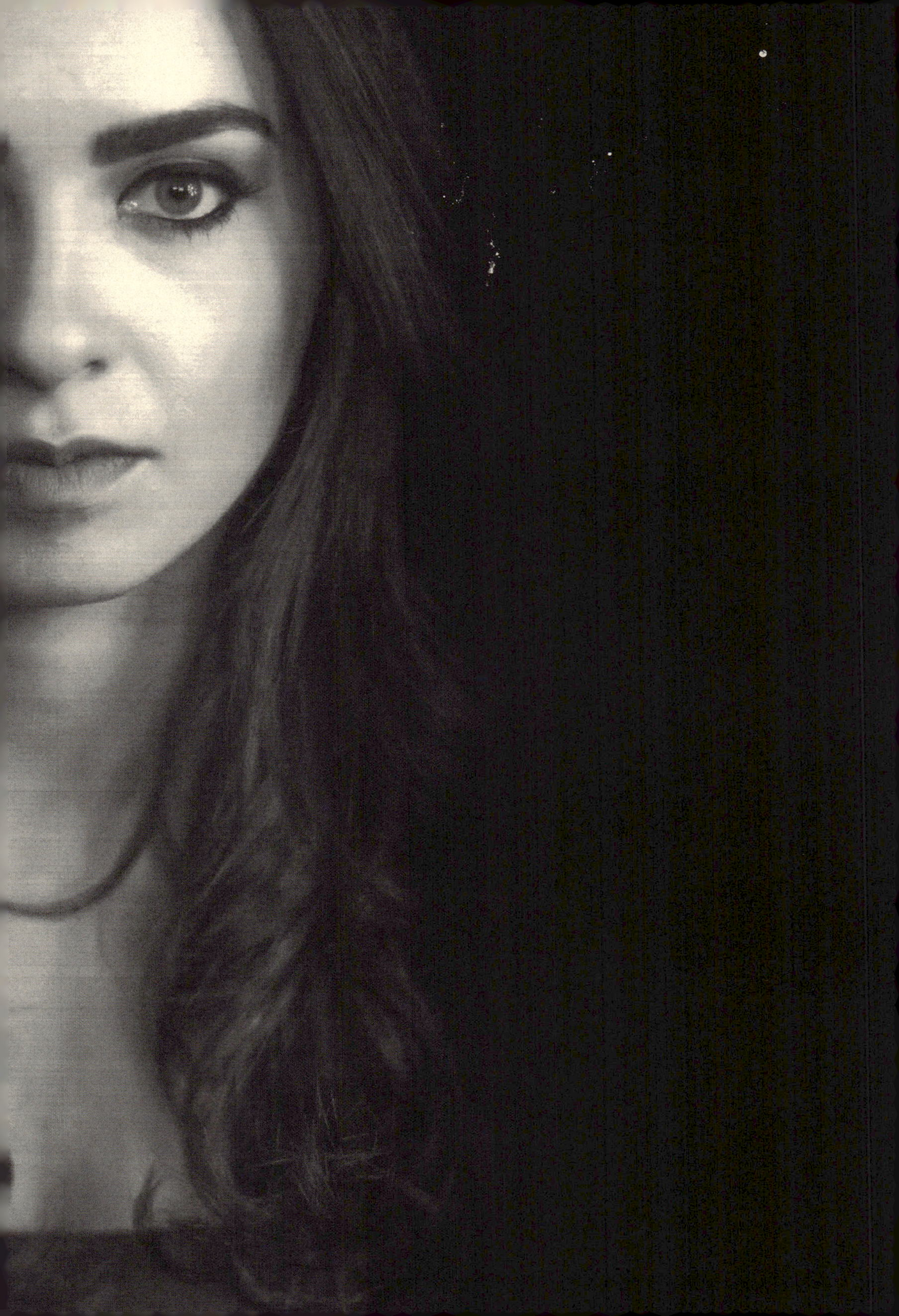

PARTE III | EM QUEM CONFIAR?

Austin, 12 de outubro de 2022

Minha vida estava de cabeça para baixo, era uma montanha-russa de emoções e, em outubro, o destino decidiu me levar por caminhos inimagináveis. Em um estalar de dedos, as notícias se espalharam e fui declarada desaparecida, com Kat sendo acusada de tráfico humano.

Sabia que a comunicação com meus amigos e familiares era quase nula, deixando todos confusos e preocupados. Passar dessa situação para ser considerada desaparecida parecia desproporcional para mim.

Meses antes, eles se uniram em busca de pistas sobre minha situação. Todos estavam à minha procura. Poucas pessoas sabiam que eu estava nos Estados Unidos, por isso, meus amigos criaram uma conta em uma rede social. O perfil era @searchingdesirre e tinha como objetivo ajudar a descobrir a minha localização.

As pessoas se uniram para me encontrar. Essa iniciativa teve alcance tão grande que virei destaque nos principais noticiários do Brasil, além de matérias internacionais. Quando absorvi o que estava acontecendo e entendi o tamanho do problema, tentei racionalizar com Kat, mostrando que eu deveria parar de fazer os programas e tirar meu perfil dos sites de acompanhantes e *sugar daddy*.

Com a repercussão do caso, não seria difícil as pessoas me encontrarem e começarem a divulgar informações para a polícia. Tínhamos que ser discretas naquele momento, era crucial para evitar um alarde ainda maior. Como sempre, ela disse que não precisava me preocupar, nada de ruim aconteceria. Insistiu para eu continuar fazendo os programas, sem me intimidar. Estávamos em uma batalha do bem contra o mal, não poderíamos deixar o medo e os *haters* vencerem, pois isso nos enfraqueceria e irritaria as entidades, o que faria com que perdêssemos a proteção. Coisas terríveis poderiam acontecer.

Kat gravou inúmeros vídeos em redes sociais para assegurar que estava tudo bem comigo, dizendo que as notícias eram falsas. O número de pessoas visualizando as publicações era enorme. Ela comemorou a audiência e decidiu que também faria *lives* para manter o público próximo e engajado. Eu não concordava com aquela estratégia, mas minha opinião nunca importava.

Mesmo aflita, continuei os programas, mas passei a tomar ainda mais cuidado. Todas as minhas ações eram pensadas para que não fosse descoberta e presa. Com meu nome nos principais jornais e centenas de pessoas seguindo o perfil *@searchingdesirre*, todas as vezes que saía de casa para encontrar um cliente suava frio e sentia o corpo tremer. Alguns me perguntavam se havia algo errado, já que não conseguia disfarçar. Tentava mudar de assunto, mas era notório que não estava tudo bem. Era angustiante pensar que o caso poderia atingir a mesma repercussão nos Estados Unidos, e seria questão de tempo até algum cliente me reconhecer.

Dias depois, policiais foram até a casa de Kat procurando por mim. Quando a campainha tocou, meus músculos se enrijeceram e senti meu coração disparar. Abri a porta e perguntei a eles se precisavam de ajuda. Queriam saber se eu morava naquela casa; respondi que sim e disse que não havia motivos para preocupação.

Os policiais me perguntaram se eu tinha conhecimento das denúncias que estavam sendo feitas sobre meu possível desaparecimento, dizendo que o Ministério das Relações Exteriores estava à minha procura. Explicaram que eu precisava entrar em contato com minha família para dizer que estava tudo bem. Concordei com os policiais e eles foram embora.

Minhas mãos estavam trêmulas, mal conseguia digitar o telefone de Kat. Quando ela finalmente atendeu, contei o que havia ocorrido e implorei para que entendesse que não havia outra alternativa. Precisávamos ter discrição. Contudo, ela descartou minha preocupação, como de costume: "Você está paranoica, pare de ser louca! Eu garanto que nada vai acontecer, não teremos problema algum. Isso foi só um contratempo, os policiais não vão voltar". Estava cansada daquela positividade, mas, sem ter outra opção, esperava que ela estivesse realmente certa.

Embora soubesse que deveria parar, estava no auge em relação aos programas. Minha meta diária era entre U$ 15.000 e U$ 20.000. Até outubro, meu faturamento líquido foi de U$ 1.000.000, e o plano era faturar mais um milhão até dezembro. A maioria dos clientes era de classe alta e eu ganhava cada vez mais dinheiro com facilidade e rapidez.

Mantive-me focada, pois sabia que estava perto do objetivo. Com U$ 2.000.000, poderíamos ter uma, duas, até três empresas. Eu estava rica e seria ainda mais bem-sucedida nos próximos meses. Por isso, após insistência de Kat, decidi continuar me dedicando aos clientes mais poderosos.

Alguns dias depois, estava em uma *bachelor party* com alguns clientes de Nova York. Eram jovens, bonitos e ricos. O organizador da festa alugou um iate enorme e demos uma volta pelo Lake Travis. A festa, para eles, já tinha começado.

Pude ver diversas garrafas de champanhe vazias, espalhadas pela embarcação. Eu e as outras meninas estávamos dançando e nos divertindo com os convidados. Estava focada em agradar o noivo, que era musculoso, loiro e com sorriso cativante. Dançava sensualmente, enquanto ele segurava minha cintura. Ele me puxou e perguntou quanto custava o programa. Respondi e, em seguida, disse: "Quanto custaria para você ficar só comigo hoje?". Fiz alguns cálculos e pedi cinco vezes mais do que normalmente pediria. Sem hesitação, ele fez a transferência do valor para Kat e fomos em direção à suíte principal. Porém, tivemos que nos apressar, porque o passeio de barco estava chegando ao fim e iríamos para uma casa, alugada por meio de um aplicativo, onde eles estavam hospedados em Austin.

A casa era enorme e moderna, tinha seis quartos, piscina e jacuzzi. Lá, a festa continuou. Tomamos *shots* de tequila, dançamos e observei alguns cheirando cocaína na mesa de centro, outros nos seios das garotas. O *bachelor* segurou na minha mão, sussurrando no meu ouvido: "Acho que ainda não terminei de brincar com você". Indicou-me o caminho da suíte principal.

Eu estava sentada na cama enquanto ele procurava sua cocaína. Ao encontrar, enfileirou duas carreiras em meus seios e as cheirou. Perguntou se eu gostaria de cheirar, dizendo que daria uma boa gorjeta para eu me divertir com ele. Então, aceitei. Depois de passarmos horas no quarto, ele decidiu voltar para a festa e comemorar com seus amigos. Disse-me que poderia tomar banho e utilizar as toalhas que estavam enroladas debaixo da pia.

Assim que saí do banho, fui checar o celular e vi várias ligações perdidas de Kat. Antes que pudesse retornar, recebi uma nova chamada. Ao atender, ela me disse que o perfil no site de acompanhantes havia sido exposto na mídia, junto com o número do meu telefone. Senti minha pressão cair assim que ela terminou de falar, comecei a ficar tonta e precisei me sentar. A adrenalina subiu pelo meu corpo, pois o que mais temia havia acontecido. Percebendo meu desespero, Kat tentou me tranquilizar, dizendo que tinha um plano e tudo estava sob controle, mas teríamos que agir rápido.

Pensei: "Como ela pode tentar me ajudar fazendo uma viagem romântica com Zach?". Eles estavam no norte-leste dos Estados Unidos e eu não sabia a real localização deles. A única informação que tinha era de que estavam hospedados na região dos lagos e tinham alugado, por aplicativo, uma casa no Maine.

Ela disse: "Delete o perfil do site e saia dessa festa imediatamente. Você está me escutando, **Desirrê**?". Ouvir meu nome me trouxe de volta à realidade, fazia meses que ela me chamava apenas de "D". Ao desligar o telefone, dei uma desculpa ao dono da festa e disse que precisava ir embora. Ele não se importou, pois a hora combinada estava chegando ao fim. Fui direto para casa e não fazia ideia de que aquele seria meu último programa.

No caminho de volta, meu telefone começou a receber inúmeras ligações e mensagens de pessoas tentando se comunicar comigo. Ao chegar em casa, Kat mandou uma mensagem falando para destruir aquele chip e comprar um novo. Assim eu fiz.

Os dias seguintes foram assustadores. Andava de um lado para o outro dentro de casa, tentando imaginar quais seriam minhas opções. Com Kat em Connecticut, pensei em fugir, mas não tinha para onde ir. Se ela descobrisse, poderia tentar se vingar, fazendo uma magia sombria para me amaldiçoar ou me denunciando para as autoridades. Ela tinha provas para me incriminar.

Três dias depois, nossa situação ficou ainda pior. O endereço residencial de Kat foi divulgado na imprensa. Quando ela descobriu, começou a me ligar desesperadamente e gritava: "Você tem que sair dessa casa! Coloque muita comida para os animais e faça uma mala correndo. Estou prevendo viaturas chegando, você sendo interrogada! Você precisa pegar somente o essencial e ir para o aeroporto. Agora!".

Ao ouvir seu desespero, comecei a tremer e corri para colocar comida para todos os animais. Fui até meu quarto, abri minha mala, coloquei tudo o que pude dentro e saí às pressas.

No caminho do aeroporto, recebi uma passagem para Hartford, Connecticut. Em menos de três horas, estava dentro do avião e, ao chegar lá, já era noite. Kat me enviou o endereço do hotel em que estava em Branford e chamei um táxi para ir ao seu encontro.

O hotel ficava a uma hora de distância. Quando nos encontramos, ela me deu um abraço apertado e disse que, agora que estávamos juntas, tudo ficaria bem. "Somos mais fortes unidas, nunca mais vamos ficar separadas! Estava com tanta saudade, estou muito feliz de ter você aqui. Depois que essa tempestade passar, vamos fazer viagens inesquecíveis e celebrar nosso sucesso e amizade. Você é um ser de luz, não merece ficar passando por essa perseguição".

Ela reservou um quarto e, imaginando que eu estaria com fome, pediu meu jantar. Colocou alguns amuletos e bruxarias de proteção no meu quarto e trouxe Nathaniel para ficar comigo.

Na manhã seguinte, veio até o meu quarto e disse que tínhamos que aproveitar que Zach estava dormindo para irmos até o centro comprar perucas e óculos de sol, para que eu continuasse fazendo programas sem ser reconhecida. Ela editaria meu rosto nas fotos e atualizaria meu perfil no site de acompanhantes. Ela imaginava que eu poderia faturar muito dinheiro por estarmos perto de Nova York, Long Island e Rhode Island, onde homens riquíssimos moravam. Era uma localização estratégica.

Fiquei abismada! Como ela ainda cogitava a possibilidade de eu continuar fazendo programas naquela condição? Disse que era uma ideia absurda, pois poderia ser pega em flagrante. Ela respondeu que, mesmo se fosse pega, conseguiria sair daquela situação se fosse forte o suficiente. Para mim, ela estava maluca. Não iria correr esse risco. Mesmo assim, continuou tentando me convencer, mas a situação contribuiu para que seu plano não entrasse em ação.

Com a repercussão na mídia, o caso acabou chamando atenção de uma pessoa que tinha reconhecimento público, por quem sempre tive grande admiração. Ela se comoveu e tentou ajudar, trazendo maior visibilidade para o caso. Porém, Kat ficou furiosa, e tive a impressão de que havia uma rixa antiga com essa influenciadora. Aos gritos, disse que iria se vingar, além de usá-la como trampolim social. Ela me forçou a gravar um vídeo horrendo, acusando-a de tráfico humano e de me manter em cativeiro. Tentei evitar que esse vídeo fosse postado, mas Kat me chantageava, lembrando-me de que eu havia cometido um crime. Ela poderia me colocar na cadeia.

Tive que gravar uma dúzia de vezes o mesmo vídeo, até que parecesse convincente para ela. Quando terminamos, comecei a chorar, pois me sentia péssima, culpada por acusar uma pessoa inocente. Sabia que essa alegação poderia destruir sua carreira e afetar sua vida. Além disso, eu poderia ser processada depois.

Quando o vídeo foi divulgado, teve grande repercussão. Ela me obrigou a fazer outros vídeos e *stories* atacando meus familiares e amigos, com frases decoradas e escolhidas por ela, demonstrando ódio e hostilidade. Kat alegava que meus amigos e familiares, especialmente Patrícia, eram os culpados pelo inferno em que nossas vidas haviam se transformado, dizendo que todos queriam me destruir. Dessa forma, ela me convenceu e me forçou a fornecer informações confidenciais sobre Patrícia e outros amigos. Depois, usou isso para expô-los na internet.

Ela acompanhava de perto as notícias que saíam na imprensa e, quando algum jornalista a criticava, gritava comigo, dizendo que a culpa era minha por não ter gravado os vídeos direito. Falava que eu não estava seguindo as ordens das entidades.

A obsessão de Kat por ser famosa era assustadora. Sua sede de poder era tamanha que, mesmo sendo acusada de tráfico humano, sua grande preocupação era sobre como sua aparência era destacada na mídia. Ela concedeu entrevista para uma emissora brasileira e, assim que acabou, disse: "Isso foi ótimo para mim, falaram bem da minha carreira e só usaram fotos lindas". Quando a entrevista foi ao ar, ela ficou checando quantos *followers* tinha ganhado, a quantidade de usuários que haviam visto e curtido suas postagens. Ela celebrava e dizia que, finalmente, suas bruxarias para a fama tinham funcionado. Além disso, afirmou que eu deveria usar a fama para fazer filmes pornôs no Brasil. Ela já tinha o plano em mente, iria me gerenciar e ficaríamos multimilionárias dessa maneira.

Em meio a esse turbilhão de acontecimentos, fui, com cautela, conversar com Kat. Eu precisava voltar para Austin e comparecer ao Application Support Center (ASC) para tirar as biometrias e finalizar o processo de renovação do meu visto.

Instantaneamente, ela ficou irritada e gritou: "Você está ficando louca? Quer ser presa? Não vai, de jeito nenhum. Ainda não entendeu que todos estão contra nós? Eu não quero que nada de ruim aconteça com você, jamais me perdoaria. Por isso, precisamos ficar juntas".

Ela continuou: "Além disso, a polícia está em contato com a imigração, os anjos me dizem que, se você for, eles não poderão te proteger e te ajudar. Você vai ser presa! Precisamos nos manter unidas e seguir as orientações divinas. Todo cuidado é pouco! Temos que ficar aqui até despistarmos a polícia e os *haters*".

Aquilo me devastou. Passava as noites em claro imaginando todas as possibilidades, já que poderia ser pega ou presa. Depois de nove anos morando no exterior, seguindo rigorosamente todas as leis e processos migratórios, nunca imaginei que chegaria o dia no qual ficaria ilegal em um país, principalmente nos Estados Unidos, em que as regras de imigração são mais rígidas.

Novamente, pensei em fugir, mas sabia que ela se vingaria. Uma vez, ela me disse: "Se você pensar em fazer qualquer coisa contra mim, fugir ou me trair, eu vou te destruir, você está me entendendo? Vou te expor, te denunciar e colocar uma magia tão maligna que fará você se arrepender de ter me conhecido".

Comecei a ter a sensação de que seus planos estavam desmoronando, qualquer erro poderia ser catastrófico. O perfil *@searchingdesirre* estava com milhares de seguidores, as pessoas, cada vez mais, estavam se importando e se mobilizando. Mas eu não via opções. Se saísse daquele hotel, estaria sozinha e sem dinheiro, já que todos meus cartões de crédito estavam com ela. Até tinha os pedido de volta, mas ela me disse que tinha perdido. Desconfiava que era mentira, uma desculpa para me manter dependente dela. Entretanto, dadas as circunstâncias, confrontá-la não parecia uma boa ideia.

No fim daquela semana, Kat mandou Zach retornar ao Texas para buscar os animais e o cofre com o resto do dinheiro em espécie, enquanto nós continuaríamos em Connecticut. Saímos do hotel em que estávamos e fomos para um imóvel em Morris. Ela queria ficar em uma casa de frente para um lago e essa era a mais bonita entre as disponíveis.

Durante a ausência de Zach, a convivência com Kat passou a ser ainda mais insuportável. Ela queria que dormíssemos no mesmo quarto, porque tinha medo de ficar sozinha e no escuro. Tínhamos que dormir com as luzes acesas e a TV ligada. Eu acordava no dia seguinte com dores de cabeça, com a sensação de que não tinha descansado direito.

Não tinha privacidade para nada. A vigilância sobre mim ficou ainda pior, ela espionava cada movimento. Kat pegava meu celular diversas vezes ao dia para ver com quem eu estava me comunicando. Às vezes, ficava parada atrás de mim observando o que estava fazendo. Dizendo ser melhor para a segurança, ela me fez deletar todas as nossas fotos e mensagens de texto. Quando queria se mostrar minha amiga, propunha que fizéssemos algo juntas, como passear no parque, jantar ou jogar cartas.

Todas as noites antes de dormir, fazia bruxarias e encantamentos pedindo proteção, fama e dinheiro. Às vezes, ficava próxima à minha cama, fazia feitiços e me observava dormir. Quando a notava, eu virava para o outro lado e tentava esquecer de sua presença.

Durante o dia, sua tagarelice era insuportável. Ela me deixava confusa. De manhã, tinha um plano; à tarde, outro; à noite, um completamente diferente. Era insuportável escutá-la, queria apenas me isolar e ter um pouco de privacidade e silêncio, pois estava desorientada com tantas informações. Kat dizia para não me preocupar, mas, ao mesmo tempo, afirmava que precisava ficar em estado de alerta e, se precisasse sair para a rua, deveria ir de boné e óculos escuros.

A obsessão de Kat me fez ter **alucinações**. Olhava pela janela da casa e via pessoas do lado de fora nos observando. Trancava as portas, janelas e fechava as cortinas para que ninguém visse os nossos movimentos dentro da casa. Sentia-me vigiada. Quando um carro passava em frente à casa lentamente, pensava que era o FBI. Se a campainha tocasse, eu congelava. Comecei a não ter mais o discernimento do que era verdade ou mentira. Minha realidade estava distorcida.

Quando procurei Kat para externar minhas preocupações e delírios, ela riu de mim e disse que não havia nada de errado comigo, que estava perfeitamente bem. "Já sei do que precisamos. Meu aniversário está chegando, vamos comemorar em Salem! A energia daquele lugar vai te ajudar com esses sentimentos e inseguranças. Nunca comemorei meu aniversário direito, quero que esse ano seja especial". Assim, seguimos para Salem, Massachusetts, considerada a Cidade das Bruxas[30].

Ao chegarmos, fomos passear pela cidade, toda decorada para o Halloween. Kat me levou em algumas lojas esotéricas, icônicas naquela região. Passamos por alguns pontos turísticos que faziam referência aos *witch trials*[31] do século XVII. Durante o dia, ela parava e me olhava fixamente. Em uma dessas vezes, me disse que estava sentindo a energia de suas ancestrais bruxas.

Kat insistiu para que procurássemos uma cartomante, que fosse bruxa, para sabermos sobre nosso futuro. Assim, encerraríamos nossa experiência em Salem de forma memorável. Fomos à procura da melhor taróloga da cidade. Ao chegarmos no local, ela pediu

---

30 O ano de 1692 ficou conhecido pelo início da temporada de caça às bruxas em Salem. Mais de 200 pessoas foram acusadas pelo crime de prática de bruxaria. Dos condenados, 19 foram enforcados e outros quatro morreram na prisão.
31 Os julgamentos das bruxas de Salem.

para eu me sentar e ficamos em silêncio por um ou dois minutos. Embaralhou as cartas e posicionou à minha frente aquelas que pularam de suas mãos. Encarou-as com olhar sereno e disse: "Seu futuro é próspero, minha querida, não há com o que se preocupar. Tudo ficará bem. A única coisa que as cartas alertam é sobre as pessoas que você mantém em sua vida, escolha melhor suas amizades. Algumas delas fingem ser o que não são, têm más intenções por trás de suas ações".

Para Kat, a cartomante disse que as cartas indicavam conflitos e bloqueios de caminho, que a energia dela precisava melhorar e aquele momento não era propício para grandes mudanças, coisas ruins poderiam acontecer. Kat ficou inquieta com a mensagem e me apressou para irmos embora.

Mais tarde, no mesmo dia, Zach ligou para Kat avisando que tinha dado tudo certo. Estava com os animais e iria nos encontrar em Branford. Ele também havia comprado o carro que tinham combinado. Kat continuava insistindo nos programas e, como táxi não era de fácil acesso na região, seu plano era que eu fosse de carro ao encontro dos clientes.

Ela achou melhor passarmos a noite em Salem. Porém, fomos reconhecidas por brasileiros, deixando Kat paranoica, pois não se sentia segura sem a presença física de Zach. No dia seguinte, bem cedo, seguimos viagem para encontrá-lo. O plano era devolvermos a casa alugada em Morris, para que pudéssemos seguir viagem para Rangeley, Maine. Era uma região bem isolada, tranquila e, assim como a casa em Morris, tinha um grande lago ao lado.

Quando finalmente chegamos em Branford, Kat e Zach começaram a discutir. Fui para o banheiro do quarto para que pudessem ter privacidade. Ele estava furioso de ter viajado com os animais por horas e, para piorar, os tinha levado para um hotel que não permitia *pets*.

Aos gritos, ouvi coisas sendo quebradas e Zach acabou se machucando. Em meio ao choro e gritos de Kat, os funcionários subiram para o andar do nosso quarto e acionaram as autoridades, já que encontraram Zach sangrando no chão do corredor. Saí do banheiro e vi que o quarto estava sujo de sangue, que se espalhava pelo chão e lençóis. Fui para o canto do quarto, que estava limpo, e fiquei abraçada com a cachorra, Nathaniel, tentando encontrar um escape, um pouco de paz.

Os policiais chegaram e questionaram Kat; Zach foi levado para o hospital. No dia seguinte, recebeu alta e voltou para o hotel. Assim que chegou, arrumamos as malas para seguirmos viagem para o Maine. Sentia-me uma fugitiva, pulando de cidade em cidade para não ser reconhecida com facilidade. Estava em um show de horrores e me questionava: "Por que eu continuo aqui?".

Quando chegamos no Maine, Kat começou a fazer *lives* e vídeos, ofendendo as pessoas e ordenando que nos deixassem em paz. Novamente, começou a me chantagear, me obrigou a fazer uma série de *stories*, nos quais eu afirmava que toda aquela situação tinha se iniciado por um problema com uma amiga que havia bloqueado e que não aceitava o afastamento. Eu falava que estava sendo perseguida e só queria paz. Os vídeos viralizaram e, claro, quem me conhece percebeu que não era eu falando aquilo.

Após a repercussão negativa dos vídeos, os seguidores do perfil @*searchingdesirre* denunciaram a conta de Kat e, em poucas horas, ela foi banida. Para amenizar a situação, decidiu criar um grupo em um aplicativo de mensagens para manter seus fãs atualizados. Na tentativa de despistar os policiais, Kat decidiu que deixaríamos os animais sozinhos no Maine, junto com o resto dos nossos pertences, e passaríamos um dia em Miami Beach. Voltaríamos no dia seguinte para limpar a casa, dar comida aos *pets* e, depois, regressaríamos à Flórida. O plano era irmos, no dia 1º de novembro, para um famoso parque de diversões em Orlando, mostrando que estávamos "turistando".

Na estrada a caminho de Miami, um dos detetives do caso mandou uma mensagem no celular de Kat pedindo para realizar uma chamada de vídeo, comprovando meu bem-estar. Ela me instruiu detalhadamente sobre o que dizer e confirmar que eu estava lá por vontade própria, e ainda me ameaçou caso falasse algo além do combinado.

Kat atendeu ao telefonema e segurou o celular para que eu fizesse a chamada com ele. Limitei-me a responder o que era perguntado. Em determinado momento, ela virou a câmera para si e disse ao detetive: "Ela não veio por mim, mas por outros motivos. Estamos juntas porque ela quis me apoiar nesse momento difícil que estou passando, lutando contra a depressão. Agora estou melhor, estamos passeando por algumas cidades. Mas vocês precisam nos ajudar! Há muitas pessoas me acusando de coisas que não fiz, estávamos em Salem e fomos atacadas nas ruas, muitas pessoas estão nos ameaçando. Corremos risco de vida". Obviamente, ela estava mentindo. Ninguém tentou nos atacar.

Chegamos em Miami na sexta-feira, 28 de outubro, e ficamos hospedadas em um hotel luxuoso. Kat parecia mais forte do que nunca, já que tínhamos conversado com o detetive e não havia mais suspeitas sobre ela. Ela tinha certeza de que havia virado o jogo. E ao entrarmos no quarto, mandou eu fazer uma *live* nesse aplicativo de mensagens, mostrando normalidade aos seguidores e aos *haters*. Seu plano era nos mudarmos, porque, segundo ela, havia muitas oportunidades por lá, fazer programas era algo normal.

Após a *live*, Kat começou a sentir náuseas e pediu que eu fosse à farmácia comprar alguns testes de gravidez. Ela fez uma dúzia deles e, de acordo com ela, todos deram positivo. Então, foi procurar Zach pelo hotel e o encontrou bêbado no bar, o que a deixou muito furiosa.

No dia seguinte, no aeroporto, Kat e Zach tiveram outra briga. Dessa vez, bem séria, porque ele tinha passado o dia e a noite bebendo. Ela gritava e expunha seus problemas para que todos ouvissem, dizia que não queria um bêbado como pai de seus filhos. Aos gritos, eles terminaram e ele decidiu ficar em Miami. Simplesmente, virou as costas para ela e foi embora. Assim que o perdeu de vista, Kat começou a chorar histericamente no terminal do aeroporto.

Quando chegamos na casa em Rangeley, Kat percebeu que tinha esquecido uma fresta da janela aberta. Sua gata selvagem havia fugido, e ela enlouqueceu com isso. Destruiu tudo o que viu pela frente, chutava e arremessava objetos em minha direção. Dizia que o casamento tinha fracassado e a gata fugido por minha culpa.

Minutos depois, recebeu uma ligação de um hospital de Miami, dizendo que Zach havia sido internado e ficaria lá por, pelo menos, duas semanas. O desaparecimento de sua gata e a internação de Zach foram gatilhos para as ondas de raiva de Kat.

Ela começou a compartilhar ideias absurdas. Falava frases sem sentido, afirmando que era a encarnação de Jesus Cristo, superior a todos os seres humanos, que estava acima da lei e jamais seria presa. Se fosse algemada, se soltaria em um passe de mágica.

Disse que seu objetivo era ser igual ao Osho[32] – ter uma legião de seguidores que abandonariam tudo para segui-la. Comentou que o intuito de ser *coach* era para conhecer "suas pessoas"

---

32 Líder espiritual indiano que criou o movimento Rajneesh, opondo-se às religiões tradicionais e enfatizando a liberdade por meio de meditação, humor, criatividade e liberdade sexual. Foi acusado de manipulação, fraude financeira e de estabelecer uma comunidade autoritária. Em 1981, enfrentou problemas legais na Índia e se mudou para os EUA. Levou seus seguidores para construírem a cidade utópica de Rajneeshpuram e foi acusado de manipulação política, fraude eleitoral e envenenamento. Osho foi preso e deportado após uma batalha legal.

e que eu era uma delas, sendo uma espécie de experimento bem-sucedido.

Kat também estava convicta de que abriria uma casa de prostituição no Brasil. Para isso, recrutaria meninas mais novas, entre 14 e 15 anos. Tinha algumas clientes com essa idade e, segundo ela, seriam prostitutas e bruxas. Kat seria uma bruxa cafetã.

Eu estava com meu estado mental abalado, mal conseguia compreender a gravidade das palavras dela, que falava incessantemente, dia e noite. Simplesmente, me desconectei daquela realidade e não percebi o quão desumana ela era.

Estava exausta! Acordei na manhã seguinte com Nathaniel pulando na minha cama, tremendo de medo por conta dos gritos de Kat ao telefone. Fiquei abraçada com ela, até que Kat parasse de gritar e a cachorra se acalmasse. Quando finalmente parei de ouvir os gritos, me levantei da cama e fui até a sala tentar descobrir o que havia ocorrido. Aparentemente, seu sogro a estava ameaçando por mensagens de texto. Não sei exatamente o que era, mas ela estava transtornada e ligou para o detetive no Texas, suplicando por ajuda.

Ela queria prestar queixa contra seu sogro. O detetive conversou com a polícia local no Maine e disponibilizou uma delegacia para que ela pudesse formalizar a denúncia. No entanto, o detetive obrigou que eu a acompanhasse. Eu não queria ir, mas não tive escolha, pois não desobedeceria às ordens das autoridades e nem de Kat. Deixamos nossos pertences e os animais na casa, que alugamos por aplicativo, e fomos para a delegacia.

No caminho, Kat foi me dando instruções do que deveria falar caso a polícia quisesse me interrogar. Disse que eu precisava ser convincente, me fazer de vítima e agir cinicamente. Assim, deveria falar que éramos melhores amigas e que os problemas estavam acontecendo por ela ser famosa, já que os *haters* inventavam histórias para destruí-la.

Embora estivesse com um pressentimento sombrio, decidi fazer o que ela estava mandando. Ao chegarmos na delegacia, ela foi prestar queixa e eu fiquei esperando no carro. O xerife foi até mim e pediu para que o acompanhasse. Ele me ofereceu água enquanto fazia perguntas difíceis sobre Kat.

Respondi a ele de forma sucinta, negando que Kat estivesse me forçando a alguma coisa. Disse que estávamos no Maine para uma viagem de lazer e eu estava bem. Algumas assistentes sociais também se aproximaram e questionaram sobre meu bem-estar. A elas, respondi a mesma coisa.

Sem obter respostas claras, eles me disseram que eu poderia ficar esperando no carro. Fiquei lá por duas horas, até que me chamaram novamente na delegacia.

Agentes da Interpol queriam entender nossa situação e vieram de outra cidade para nos interrogar. Eles foram novamente até mim e pediram para que os acompanhasse até uma sala. Solicitaram meu passaporte e eu entreguei; em seguida, iniciaram uma série de questionamentos sobre as acusações de tráfico humano e contrabando. Minha resposta era sempre a mesma: "Vim visitar minha amiga Kat porque ela está passando por um período depressivo, e agora estamos passeando".

Percebendo minha falta de colaboração, me liberaram do interrogatório e eu saí da sala. Em seguida, voltaram a interrogar Kat e, durante esse processo, os agentes da U.S. Border Patrol (Patrulha de Fronteira dos EUA) chegaram e quiseram nos transferir de delegacia. Os policiais nos levaram até o carro e nos colocaram no banco traseiro da viatura. Eu esfregava uma mão na outra enquanto apertava meus olhos, tentando imaginar o que poderia acontecer. Sentia as lágrimas escorrendo pelas minhas bochechas, mas as esfreguei rápido, antes que um dos oficiais me visse chorando.

O trajeto até a outra delegacia demorou cerca de uma hora e, durante esse tempo, Kat não ficou quieta. Foi o caminho todo conversando com os policiais. Ao chegarmos lá, nos colocaram na mesma sala. Eles disseram que ela seria presa por estar ilegal no país, já que tinham um pedido de deportação de um ano antes. Fiquei em choque!

Eles olharam para mim e disseram que meu visto estava vencido. Tentei justificar que meu processo de renovação não havia sido finalizado, pois não pude voltar ao Texas para fazer a biometria, já que corríamos risco por conta da perseguição dos *haters*, mas de nada adiantou.

Eles saíram da sala e, ao voltarem, com as algemas em mãos, disseram: **"Vocês estão presas!"**.

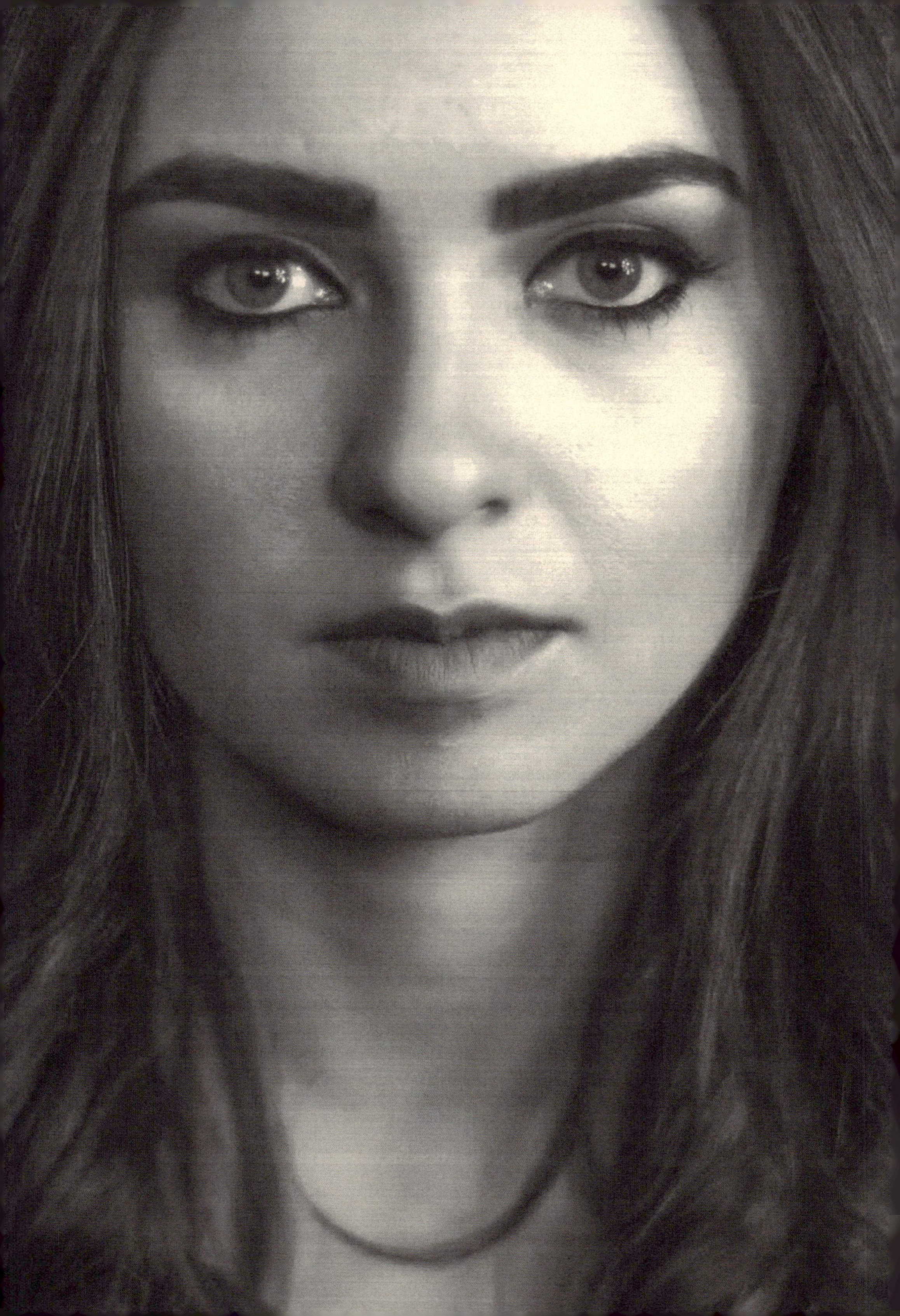

CAPÍTULO 4
ENCONTRANDO CLAREZA NA ESCURIDÃO

"O aprisionamento do corpo é amargo; o aprisionamento da mente é pior"

Thornton Wilder

Maine, 1º de novembro de 2022

Ser algemada tirou de mim a última sensação de liberdade que possuía. Meu corpo paralisou, mal conseguia respirar. Sentia meu coração acelerar e minhas mãos ficaram trêmulas. Quando pensei que o pesadelo poderia ter acabado, percebi que tinha descido para o inferno.

Fomos presas pelos agentes da U.S. Border Patrol em Rangeley, Maine, e recebemos um número de identificação. Alguns dos policiais foram até a casa em que estávamos hospedadas e apreenderam o cofre. Kat alegou que o dinheiro não era nosso, mas sim de seu marido. O processo durou cerca de dez horas. Nesse período, ela gritava com os agentes, dizendo: "Eu tenho meus direitos, vocês não podem fazer isso comigo! Sabem quem eu sou? Sou uma modelo famosa! Vocês estão enganados, isso tudo não passa de um grande mal-entendido". Cansados do show que ela estava dando, a prenderam em uma das celas disponíveis na delegacia. Ela continuou berrando, batendo nas grades.

Embora não estivesse na cela com ela, já não tinha mais nome ou identidade, tinha me tornado um número. Qualquer resquício de humanidade ou privacidade em que eu tentava me segurar tinha sido arrancado de mim naquele momento. Para usar o banheiro, teria que ser o da cela aberta, na frente dos funcionários que passavam por lá.

Na sequência, fomos transferidas para outra delegacia, a uma hora de distância, para passarmos a noite. Foi lá que tirei meu primeiro *mugshot*[33] e coloquei o uniforme laranja. Nessa noite, ficamos na mesma cela escura. Meu colchonete ficava no chão, era frio e sujo. Achei que não iria dormir, mas acordei de um pesadelo e fiquei ainda mais assustada após ver uma aranha enorme subindo pela parede, ao meu lado.

Naquele dia, quase não comi e falei pouco. Encarava o nada. Lembro-me de Kat tentando dar algumas instruções, mas eu mal conseguia ouvir meus próprios pensamentos, então suas palavras perdiam qualquer sentido. Meu maior medo havia se tornado realidade. Eu tinha sido exposta, minha privacidade e intimidade tinham sido violadas de todas as formas, e agora tinha sido presa por estar com meu visto vencido, com medo de ser acusada, também, de prostituição.

Tinha **vergonha** do que estava acontecendo. Vergonha de ver meu nome vinculado a tantas coisas ruins. Vergonha da minha situação. Vergonha do que minha família e amigos iriam pensar. Vergonha do que eu me sujeitei a fazer para estar ao lado dela.

Meu corpo estava naquela delegacia, mas minha mente estava em uma realidade paralela. *Flashes* passavam pela minha mente, do momento em que chegava a Austin até minha jornada ao Maine. Eu me perguntava: "Como deixei minha vida tomar um rumo tão ruim? Como permiti tamanha crueldade comigo mesma?".

33 Fotografia tirada quando uma pessoa é presa.

No dia seguinte, fomos transferidas pelos oficiais de Rangeley para a prisão estadual Cumberland County, em Portland, Maine. No trajeto, Kat falava incessantemente, frisava o que eu deveria ou não dizer no interrogatório e enfatizava a importância de mantermos a mesma história. Ela entendia que tínhamos que falar sobre sua fama, isso nos libertaria. Eu achava sua ideia uma burrice, mas, ao mesmo tempo, tinha medo de mudar a história e piorar ainda mais a minha situação. Ela culpava os *haters*, dizendo que eram os verdadeiros culpados por estarmos naquela situação.

Assim, preferi escutá-la e me esforcei para memorizar suas instruções e seguir com o plano. Era nítido que minha mente não estava funcionando adequadamente – estava tendo sérios problemas de atenção, raciocínio e memória. Nas últimas horas, mal conseguia conter as lágrimas. Chorava ao mesmo tempo em que tentava evitar que todos percebessem meu real estado psicológico. Sentia-me agonizando durante aquele momento de completo horror.

Ao chegarmos na prisão em Portland, passamos por um processo institucional antes de sermos transferidas para a cela. Tiraram o *mugshot* novamente, com o mesmo pulôver lilás que usei nos *stories* de uma rede social, e, em seguida, fizemos o teste de COVID-19, tuberculose e gravidez. Permanecemos na mesma cela por algumas horas; durante esse tempo, Kat repetia que precisávamos manter a mesma versão da história, não poderíamos cometer erro algum ou continuaríamos presas. Sua tagarelice e seus olhos fixos e esbugalhados denunciavam seu desespero.

Algumas horas se passaram e fomos atendidas separadamente pela equipe médica. Questionaram-me sobre meu histórico de saúde física e psicológica, se já tinha tentado algo contra minha própria vida, tido pensamentos suicidas ou alguma vontade de me machucar ou machucar os outros.

Quando respondi que, no passado, já havia pensado em suicídio, a enfermeira sinalizou algo para os policiais. Naquele momento,

tive medo e tentei contornar minha frase, dizendo que só havia pensado no assunto, mas não tinha chegado a cometer qualquer violência contra mim, e estava melhor agora. A enfermeira dispensou os guardas e continuou me examinando.

Após esse atendimento, eu e Kat fomos separadas. Tendo em vista seu histórico psicológico complexo, imaginei que nossa separação tinha sido dada por isso. Perguntei aos guardas para onde a tinham levado, mas não obtive resposta alguma. Estava preocupada, ainda mais por acreditar que ela estava grávida. No decorrer da noite, um guarda veio me informar que eu seria transferida para o dormitório feminino, onde estavam outras prisioneiras. Perguntei, aflita, quais tipos de crimes aquelas mulheres tinham cometido e implorei para continuar onde estava, mas, para meu alívio, os policiais confirmaram que não havia assassinas naquele presídio.

Ao entrar em minha nova cela, supliquei por ajuda, tentei explicar que tudo não passava de um grande mal-entendido. Contudo, todos que estavam ao meu redor me encaravam e seus risos sarcásticos ecoaram pelos corredores, aumentando meu desespero. Não importa qual o motivo que te leve à prisão, todos que pisam nela são imediatamente estigmatizados, vistos como criminosos. Senti meu coração acelerar em pânico diante da frieza e desprezo daquelas pessoas. Queria gritar, chorar, mas o trauma me deixou muda, imobilizada em meu próprio tormento.

Depois de passar a primeira noite entre aquelas paredes frias, fui convocada pelo ICE - U.S. Immigration and Customs Enforcement[34], às 5h, para um interrogatório. Dois oficiais, com semblantes duros, entrevistaram-me a respeito da minha vida e de como havia conhecido Kat. Limitei-me a responder o que nós tínhamos combinado.

Mesmo negando veementemente a prática da prostituição, não sabia ao certo o que era tráfico humano. E quanto mais repetia essas falsas histórias, mais acreditava nelas, como se estivesse

---

34 Serviço de Imigração e Controle Aduaneiro dos Estados Unidos.

fazendo uma lavagem cerebral em mim mesma, sem saber o significado de cada crime.

Os oficiais de imigração, com perguntas minuciosas e olhares desconfiados, me deixaram inquieta. Sabia que eles tinham encontrado inconsistências no que eu tinha contado. Era nítido que não acreditavam em mim. A calma com que me interrogavam deixava clara a experiência e competência deles, aumentando ainda mais minha angústia. Seria mais fácil contar a verdade e confessar a prostituição, que era crime grave na maior parte dos Estados Unidos, porém, eu tinha medo, me questionando se poderia confiar nos oficiais, uma vez que poderiam estar tentando me incriminar. Queria colaborar, mas tive medo. Precisando tomar importantes decisões em milésimos de segundos, congelei e decidi não cooperar.

De volta à cela, estava tomada de dúvidas e incertezas sobre minhas decisões. A comida da prisão era horrível, muitas vezes me fazia mal. Só era permitido sair da cela uma vez ao dia, por uma hora. Nessas breves escapadas, conversava com outras detentas, algumas eram simpáticas, outras eram indiferentes.

A maioria das detentas eram americanas e mais velhas do que eu. Cada uma carregava histórias diferentes, mas boa parte estava lá por crimes como roubo e tráfico de drogas. Para mim, tudo isso era surreal, como um pesadelo do qual não conseguia acordar.

No dia 4 de novembro, às 2h, fui acordada pelos agentes para ser transferida de presídio. Não sabia para onde estavam me levando e o que seria de mim dali em diante. A cada transferência, minha situação piorava. Com a chegada de dois oficiais do Homeland Security, fui levada para fora da prisão e colocada em uma SUV preta, que pertencia ao U.S. Department of Homeland Security. Parecia cena de filme: levaram-me para o aeroporto de Boston, Massachusetts, onde oficiais do ICE estavam à minha espera; ainda era madrugada quando chegamos ao aeroporto.

Boston é uma das cidades com maior comunidade brasileira nos Estados Unidos, o que me fez temer ser reconhecida, fotografada e ter minha imagem compartilhada na internet. Pedi gentilmente para que os agentes tirassem minhas algemas, assim chamaria menos atenção no aeroporto. Eles aceitaram, mas impuseram duras regras sobre como deveria me comportar. Minha transferência seria para Atlanta, Geórgia, com embarque programado para 7h. O voo teria duração de três horas e, durante todo o tempo, fiquei torcendo para não ser reconhecida, mantendo-me em silêncio e evitando qualquer contato visual.

Desembarquei em Atlanta e outros oficiais do ICE já estavam me esperando. Embora sentisse admiração pela eficiência dos agentes do U.S. Department of Homeland Security - DHS[35], estava amedrontada pela seriedade dos fatos. Eles me levaram ao escritório do ICE, no centro de Atlanta, e fui conduzida para uma cela, na qual permaneci durante toda a tarde. Lá, fui novamente interrogada para confirmar o crime de tráfico humano. Porém, optei por manter a mesma história e continuei negando qualquer crime.

No mesmo dia, me transferiram, juntamente a outras detentas, para o violento Centro de Detenção Stewart, em Lumpkin, Geórgia. Por motivos burocráticos, fiquei na solitária por dez dias – a cela era minúscula e gelada. Implorei aos guardas por uma blusa para me aquecer; somente sete dias depois consegui uma, o que me fez sentir menos miserável. As semanas seguintes foram torturantes, os dias pareciam intermináveis e sobreviver tinha se tornado minha nova realidade.

Estava enlouquecendo naquela solitária. Considerei tirar minha própria vida, chorava constantemente. Desesperançosa, ansiava pela minha liberdade. Pensava em meus pais a todos os momentos. Em meio a esse desespero, pedi por uma Bíblia, comecei a ler e a escrever, para me ajudar a atravessar aqueles momentos sombrios.

---

35 Departamento de Segurança Interna dos EUA.

Após cumprir o confinamento, fui transferida para o setor onde ficavam celas maiores, compartilhadas com outras detentas. Eram salões com cerca de 50 camas. Tentava contato diariamente com a minha família, mas não tinha sucesso. Mesmo frustrada, não desisti. Pedia a Deus para que eles atendessem o telefone. Finalmente, após 15 dias, consegui entrar em contato com eles.

Quando escutei a voz da minha mãe, pela primeira vez depois de tanto tempo, meus ombros amoleceram e respirei aliviada. Conversamos e contei a ela a mesma versão que dizia aos investigadores sobre o ocorrido. Ainda não estava preparada para confessar, à minha própria mãe, extremamente religiosa, o que havia feito nos últimos meses.

O interrogatório seguinte foi conduzido pelos agentes especiais de Investigações de Segurança Interna - Homeland Security Investigations (HSI), do Departamento de Tráfico de Pessoas e Contrabando de Imigrantes - Human Smuggling Group. Estavam lá a pedido da Sede de Investigação de Tráfico Humano de Miami. Para eles, o crime estava claro, mas eu não enxergava da mesma maneira.

Durante duas longas horas, fui interrogada, sendo gravada por uma câmera. Um suor frio escorria pela minha testa e eu tremia de medo. Apesar do desespero, lutei para manter o controle e evitar um colapso diante deles. A mensagem era clara e aterrorizante: minha situação era gravíssima.

Fui informada de que estava detida porque meu visto estava vencido, mas eles podiam e queriam me ajudar. Eu só precisaria colaborar com as autoridades para formalizar uma acusação contra Kat por tráfico humano. Queria colaborar de alguma forma para sair daquela situação, mas não sabia se podia confiar nos investigadores.

Até aquele momento, o termo tráfico humano era novo, eu não estava completamente familiarizada com seu significado. Neguei ter sido vítima desse crime, assim como a acusação de prostituição. Quando os investigadores me explicaram todas as ramificações do crime de tráfico humano, comecei a perceber que fazia sentido com minha situação. Mas logo pensei: "Kat jamais faria isso comigo, ela não seria capaz de tamanha crueldade". Assim, continuei insistindo em sua inocência.

Eu não tinha acesso às leis americanas, tampouco às brasileiras, para saber se, de fato, o que eles falavam era verdade. Não sabia se estava sendo ajudada ou enganada pelos investigadores, se realmente achavam que eu era vítima desse crime. Tinha medo de confiar neles e ser condenada nos Estados Unidos. Naquele momento, negar parecia a melhor solução.

Hoje, consigo perceber que vivia uma realidade paralela. Minha mente estava completamente distorcida pelas mentiras de Kat. Era inconcebível, para mim, culpá-la de um crime que não acreditava que ela havia cometido, pois poderia arruinar sua carreira, sua vida, toda sua trajetória. Seria consumida por culpa e remorso caso a acusasse injustamente, em troca da minha liberdade.

Dias depois, os mesmos oficiais vieram com uma notícia chocante: Kat havia sido deportada, já estava no Brasil. Fiquei desnorteada, já que aguardava pela minha audiência que, até aquele momento, não tinha data para acontecer.

Nos poucos momentos em que deixava minha cela, procurava me distrair e conversar com outras detentas. Pouquíssimas estrangeiras falavam inglês e, em pouco tempo, me tornei a intérprete delas. Diversos policiais me chamavam para ajudar em algumas traduções, inclusive de brigas entre detentas.

Mesmo fazendo tudo o que pediam, minha condição na detenção era deplorável. Tinha que me proteger das brigas e dos assédios por parte de algumas detentas, mas tinha medo de demonstrar alguma resistência e acabar sofrendo agressão. O ambiente era hostil e eu estava constantemente doente, com gripe, febre e dores no corpo. Mal conseguia dormir, pois à noite o barulho era incessante.

Como se já não bastasse o inferno em que me encontrava, Patrícia ainda teve a audácia de ligar para a detenção, deixando um recado para que eu retornasse. Com o sangue fervendo em minhas veias, pensei: "Não é possível! Eu não tenho paz nem na prisão!".

Finalmente, depois de três semanas presa, consegui a data da minha audiência: 29 de novembro. No dia, estava apreensiva, com medo do que poderia acontecer. Apesar de o Estado ter me disponibilizado uma intérprete, agradeci e dispensei a ajuda. A juíza me concedeu saída voluntária dos Estados Unidos, mas teria apenas 30 dias para comprar minha passagem. Caso contrário, perderia esse direito e seria, de fato, deportada.

Essas passagens aéreas precisam ser de uma categoria especial. Por consequência, eram mais caras do que as convencionais. Meus pais não tinham condições financeiras para comprar uma passagem cara, não em tão pouco tempo. Por sorte, uma amiga formidável e um solidário familiar se dispuseram a ajudar meus pais para que o pior não acontecesse.

O ICE me informou que, após a compra do bilhete aéreo, demoraria, em média, dois meses para eu ser liberada e deportada voluntariamente, mas orava para que fosse antes. Depois da audiência, a ideia de comprar a passagem e sair daquele lugar tomou conta de todos os meus pensamentos. Finalmente, vi uma luz no fim do túnel, era como se toneladas de angústia tivessem sido tiradas de mim.

Enquanto caminhava pelos corredores do presídio, me deparei com um cartaz explicando em detalhes o crime de tráfico humano. Ao ler, compreendi o verdadeiro significado daquelas palavras e uma sensação de tontura e náusea me invadiu. Foi como se as peças do quebra-cabeça estivessem se encaixando diante dos meus olhos.

Eu lia e relia aquele cartaz, dia e noite, tentando absorver cada palavra. Foi quando percebi toda a manipulação e lavagem cerebral que tinha sofrido nas mãos de Kat, desde meu casamento com Matthias até os dias anteriores à prisão. Lembrava da fala dos investigadores, comentando que as vítimas podem se apegar aos seus traficantes, e o rompimento do vínculo emocional e psicológico só ocorre após semanas de privação total de contato. Somente assim, as vítimas conseguem compreender a verdade.

Entendi que esse era o motivo de terem nos separado. Meu peito ardia e meu sangue fervia de raiva. Não tinha palavras para tamanha decepção. Era como se estivesse de luto. Nunca me senti tão traída e usada em toda minha vida.

Percebi também que Kat me manipulou de forma inimaginável para evitar a acusação de tráfico humano. Fez-me acreditar que era vítima dos *haters* da internet e que minhas ações eram tomadas por vontade própria, sem qualquer influência dela. Eu me perguntava: "Como pude ser tão cega diante de sua manipulação? Como pude permitir que tudo isso acontecesse comigo?".

Uma das formas ardilosas que ela encontrou para manter seu domínio sobre mim era se passar por minha amiga, dizendo que éramos melhores amigas. Eu tentava me afastar, queria ficar sozinha e ter o mínimo de paz em meio ao caos, mas ela não tinha limite algum.

Sua missão era sair ilesa de tudo aquilo, por isso, falava incessantemente, alternando entre simpatia e abusos. Uma pessoa como ela é capaz de levar qualquer ser humano à insanidade.

Hoje, tenho total consciência de que Patrícia é uma amiga de verdade, que estava extremamente preocupada comigo e sempre teve as melhores intenções. Ela foi capaz de ver a manipulação de Kat e tentou de todas as formas me alertar e ajudar, assim como muitos outros. Agora, fica evidente para mim que tudo o que Kat dizia sobre outras pessoas era o que ela fazia. Confesso que agi de forma errada, radical e imatura, não só com Patrícia, mas com outras pessoas ao longo da minha jornada. Àqueles que magoei de alguma forma, eu sinto muito.

Após entender que fui vítima de tráfico humano, decidi entrar em contato com os agentes especiais e colaborar no caso. Pensava que outras mulheres poderiam estar naquela mesma situação e queria fazer tudo o que estava ao meu alcance para que a justiça pudesse ser feita, não só para mim, mas também para outras vítimas.

Quatro semanas depois, quando procurei as autoridades, percebi que o interesse deles havia diminuído. Os investigadores não retornaram minhas ligações e os médicos não faziam os mesmos questionamentos. Entendi que eu era uma página virada. Compreendo que talvez tenha demorado para assimilar o que havia acontecido, mas lidar com tudo isso dentro da prisão, em poucas semanas, foi extremamente difícil.

Apesar da falta de resposta, continuei insistindo até que finalmente um dos agentes especiais atendeu meu telefonema. Contei o que sabia e admiti que nos primeiros interrogatórios não entendia a gravidade do que havia passado. Disseram-me que percebiam algo estranho na minha história, mas precisavam da minha colaboração para prosseguir.

Revelei a eles que não contei a verdade, no começo, por medo de ser presa e deportada pelo crime de prostituição. Contudo, o investigador disse que eu não seria presa, porque era considerada uma vítima de tráfico humano. Havia sido coagida para me prostituir, explorada por Kat. Essas vítimas podem entrar em um Witness Protection Program (Programa de Proteção às Vítimas) e eu não teria sido mantida presa se tivesse colaborado desde o início.

Como o agente especial que estava em contato comigo iria sair de férias, ele se comprometeu a falar com seus colegas do Departamento de Contrabando Humano, para que eu pudesse ser solta o mais rápido possível, entrando no Programa de Proteção às Vítimas.

Fui libertada no dia 19 de dezembro de 2022, após **49 dias presa**. Mal pude acreditar que tudo aquilo estava acontecendo. Agradeci a Deus pelo milagre concedido, de ter sido solta antes do Natal. Com meu celular nas mãos, entrei em contato com o agente especial responsável pelo caso. Ele me informou que o time do Texas, responsável pelo caso, não iria mais precisar da minha colaboração e, com isso, não poderia ser inserida no Programa de Proteção às Vítimas.

Minhas esperanças desmoronaram. Precisava do apoio dos profissionais qualificados desse programa para que pudessem me ajudar a superar os traumas que vivenciei. Sem isso, preferi ligar para minha família e voltar para o Brasil.

Ao chegar ao aeroporto de Atlanta e recuperar meu celular, descobri que, durante todo o tempo em que estive presa, Zach havia usado meu cartão de crédito. Esse cartão estava em posse de Kat e, quando o pedi de volta, ela disse que havia perdido. Ele conseguiu usá-lo porque não tive tempo de cancelá-lo antes de sermos presas. Fiquei em choque por tamanha audácia!

Segui lendo os e-mails que havia recebido enquanto estava encarcerada e, para meu espanto, me deparei com um de Richard. Ele dizia que não tinha meninas dedicadas como eu e perguntou se consideraria voltar a trabalhar para ele. Enfatizou que estaria à disposição, seus negócios continuavam sendo lucrativos e sem problemas.

Passei duas noites no aeroporto de Atlanta até finalmente entrar no avião. Desembarquei em Guarulhos no dia 22 de dezembro e meu coração se encheu de alegria ao rever minha família. As primeiras semanas no Brasil foram um teste de resistência. Lidar com o trauma e os problemas que surgiram não foi nada fácil. Estava perdida, sem ter ideia de por onde começar. Fiquei a maior parte do tempo trancada no quarto, queria evitar qualquer tipo de contato com o mundo exterior.

Fui diagnosticada com estresse pós-traumático, depressão e ansiedade. Durante esses meses, experienciei ataques de pânico, pensamentos suicidas, enxaquecas, compulsão alimentar, insônias e pesadelos. Meus sentimentos se misturavam em um furacão de tristeza, dor, arrependimento, culpa, vergonha e raiva.

Enquanto estive presa, meus pais mantinham contato com as autoridades brasileiras. Dessa forma, ao retornar, me dispus a auxiliar a Justiça no que fosse necessário. Tenho consciência da gravidade dos fatos. É importante para mim acompanhar tudo o que está acontecendo de perto. É uma forma de colaborar para que Kat não saia impune.

Mesmo tentando me manter firme, os traumas dos últimos meses insistem em dominar minha mente. Meus pensamentos e emoções constantemente fogem do controle. É uma guerra árdua. Tenho recebido ajuda profissional e minha família tem me dado todo apoio e amor. Meus amigos me receberam de braços abertos e também me ajudam nesse processo de recuperação. Tenho dias bons e ruins, mas o importante para mim é a certeza de que estou na direção certa, curando meus traumas.

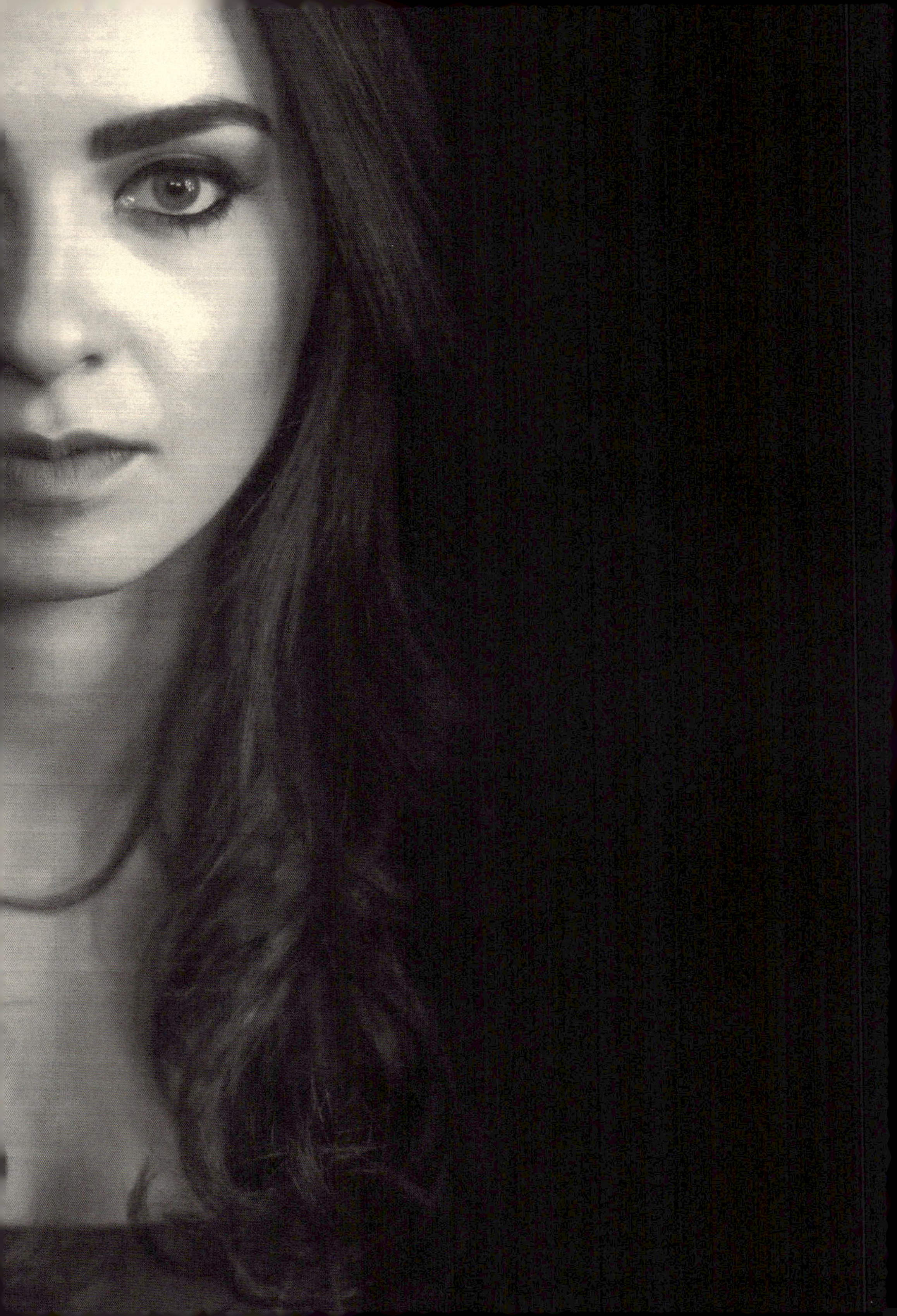

CAPÍTULO 5

PAZ INTERIOR É A VERDADEIRA LIBERDADE

"A liberdade nunca é dada voluntariamente pelo opressor; deve ser exigida pelos oprimidos"

Martin Luther King, Jr.

Confesso que pensei em desistir deste livro inúmeras vezes. Escrevê-lo foi mais difícil do que imaginava, mas seu desenvolvimento foi um processo de liberdade emocional. Percebi quantas feridas estão em aberto e quantas emoções ainda preciso trabalhar. Revisitar memórias traumáticas e olhar para o passado foi uma decisão corajosa.

A minha jornada foi pela **liberdade emocional** e **psicológica**. Vivemos em uma prisão, consumidos por medos, inseguranças, traumas, sentimentos de culpa, vergonha e remorso.

Buscamos, externamente, preencher o vazio, enquanto a resposta está dentro de nós. A jornada pela liberdade é diferente para cada indivíduo. O que me aprisiona talvez não seja o que te aprisiona. Ainda assim, somos todos iguais. Lidamos com desafios, medos, dúvidas, cometemos erros, mas temos a possibilidade de mudar e evoluir.

Uma das lições mais valiosas que aprendi no ano de 2022 foi sobre autoestima e amor próprio. Principalmente porque nós, mulheres, crescemos em uma sociedade que nos faz acreditar que devemos buscar a aprovação do próximo, sempre nos diminuindo.

Não tenha medo de dizer "não" quando sentir que é o certo a se fazer. Quanto mais confiante e segura for, mais olhares você atrairá. Desenvolva sua autoconfiança.

Sempre estive rodeada de amigos e, mesmo assim, me sentia sozinha e incompreendida. Nos momentos mais difíceis, procurei os conselhos errados. Fui induzida a acreditar que aquele era o meu destino.

As memórias voltam aos poucos e há momentos em que prefiro me isolar. Socializar e confiar nas pessoas desde então é um desafio. O que antes era natural, agora é difícil e doloroso. O estrago é agonizante.

Espero que esta obra sirva como um apoio para aqueles que enfrentam situações semelhantes. Estejam atentos aos pequenos sinais. Não podemos naturalizar nenhum tipo de abuso. Gritos, tapas e maus-tratos antecedem tragédias.

O abusador busca isolar suas vítimas e as coloca contra sua família e amigos. Quando percebe suas vulnerabilidades, executa o plano. Não quero que ninguém passe pelo que passei e sofra o que sofri. Hoje, olhando para trás, sei que a minha história teria tido outro desfecho se estivesse atenta a esses sinais.

Ainda não estou totalmente recuperada, tive um ano desafiador. Fui explorada sexualmente, escravizada e fiquei quase dois meses presa. Situações capazes de destruir qualquer psicológico. Durante meu tempo na prisão, ao escutar o barulho estrondoso das celas se fechando, tinha *flashbacks* sombrios. Era como se a minha própria vida me assombrasse. Partes de mim ficaram naquele lugar, mas estar viva, livre e em casa, é um sentimento indescritível de felicidade.

Cresci em um ambiente religioso e tive experiências distorcidas sobre fé. Hoje, tenho discernimento e acredito que Deus cuidou de mim nesses meses. Tenho certeza de que nada pior aconteceu porque Ele me protegeu.

Não quero que o ano de 2022 defina meu futuro ou quem sou. Da mesma forma, não queria que o câncer ou o *bullying* ditassem quem eu era. Minha infância me transformou na pessoa que sou hoje.

A vida é uma escola e experiências passadas servem como lições e oportunidades de crescimento. Morar no exterior por nove anos me propiciou conhecer diversas culturas e aprender mais sobre diversidade. Sinto-me abençoada por ter conhecido tantas pessoas maravilhosas ao longo desses anos. Assim como, apesar das diferenças religiosas com meus pais, aprendi a respeitá-los e agora os entendo profundamente. Sei que me amam e fizeram tudo para me proteger.

Um dos grandes entendimentos que tive nesses últimos meses, durante minha convivência com outras *strippers* e profissionais do sexo, foi ter uma nova visão sobre respeito e compaixão pelas escolhas dos outros. Percebi que elas são fortes, pois é preciso muita coragem para enfrentar essas profissões. Julgar nunca é uma boa opção, não sabemos a realidade daqueles que estão tomando decisões difíceis.

Esses aprendizados me deram uma nova perspectiva sobre a vida, foi um divisor de águas para mim. Tive que chegar a extremos para aprender algumas lições. Mesmo não querendo sofrer tudo que sofri, e desejando que tais situações nunca sejam impostas a ninguém, entendo que tudo teve um propósito.

Procuro encontrar ensinamentos positivos e sei que tive mudanças em meu comportamento, não consigo ver as pessoas e a vida com os mesmos olhos. Fui ingênua e enganada, vulnerável à manipulação. Infelizmente nem todos são quem parecem ser. A traição é silenciosa e vem de quem menos se espera.

Relacionamentos abusivos têm essas características, você não acredita que a pessoa em que confia tanto pode querer seu mal. O vínculo traumático criado é difícil de ser rompido. No início, não há grandes problemas, tudo parece normal e saudável, até que você começa a se sentir confusa, quer sair daquela situação, mas não consegue. Aquela se torna sua nova realidade e se desvencilhar não é tão fácil como parece. É como um vício. As vítimas desses tipos de relacionamento baseados no abuso são incompreendidas e erroneamente julgadas. Sentem-se sozinhas, pensam que estão ficando loucas e se sentem culpadas.

Tendo a perspectiva de ambos os lados, como tenho agora, gostaria de fazer um apelo a todas as pessoas solidárias, que estão tentando ajudar e alertar vítimas de qualquer tipo de abuso emocional e psicológico. Confrontar, contrariar ou criticar as vítimas, por mais "erradas" que pareçam estar, não é a solução, já que ficarão defensivas, fazendo com que usem mecanismos de enfrentamento prejudiciais e se distanciem ainda mais. É preciso ter paciência, saber não apenas o que dizer, mas como dizer, abordando-as com amor e empatia, pois não se sabe o que passaram, as dores e os traumas que ainda carregam.

Quando compreendi melhor o tráfico humano, me deparei com a frase: "Leva um tempo longe do traficante para romper o vínculo afetivo". Acredito que ela se encaixa perfeitamente no que vivi. Por mais irracional que pareça, sentia uma profunda necessidade de ser leal a ela. Consegui perceber o que realmente tinha ocorrido quando nos separaram na prisão.

Eu não acreditava que a pessoa em quem mais confiei fosse capaz de tamanha barbaridade. Como as pessoas podem ser tão perversas e cruéis? Coloquei-a acima de tudo e de todos, inclusive de mim mesma.

Ela tinha a capacidade de inverter valores e distorcer situações. Não nego que meu objetivo era ser rica e bem-sucedida, mas tinha meus limites. Ela se valeu dos meus propósitos, da minha fé em Deus e da minha ambição para me induzir a fazer o que jamais imaginei, e ainda me transformou em uma escrava. Parecia que tinha perdido minha identidade.

Ela discordava de todos os meus pensamentos, como se as minhas decisões e opiniões fossem erradas. Valia-se de sua fama e prestígio nas redes sociais para validar suas manipulações, parecia que o mundo conspirava contra mim e em benefício dela, como se tivesse a voz da razão. Eu pensava que tudo era culpa minha e não tinha noção do tamanho da lavagem cerebral que tinha sofrido.

Mesmo ambiciosa, sabia da dificuldade do sucesso, e ela deixava claro que eu precisava me sacrificar vendendo meu corpo, para que o caminho fosse mais curto. Acreditando nela e, nesse *fast track* para a abundância, perdi tudo. Meu relacionamento, meu emprego, minhas amizades, minha casa, meus pertences e, principalmente, minha essência. Às vezes, é preciso perder tudo para dar valor ao que realmente importa.

O vício pela gratificação imediata enfraquece nosso autocontrole e distorce a mente, tornando-nos mais vulneráveis a golpes e manipulações. Pessoas más são oportunistas, dispostas a usar qualquer artifício, como fé, vulnerabilidade, meias-verdades e traumas para manipular as outras com a intenção de usar, abusar e explorar, assim como pessoas que detêm um certo nível de poder, como fama e cargos mais elevados, podem se valer de suas posições e benefícios para cometer barbaridades. Infelizmente, isso é mais comum do que se imagina e espero que minha história sirva de alerta.

Escrever um livro sobre minhas experiências e conquistas era uma de minhas aspirações. Só não imaginei que o livro da minha vida teria como tema principal o tráfico humano. Um tópico pouco falado e discutido. Porém, pessoas próximas de nós podem estar em perigo e precisamos estar atentos para poder denunciar e ajudar.

Criminosos mudam e evoluem suas táticas, consequentemente, a sociedade precisa estar alerta para as nuances do mesmo crime.

O tráfico humano, por muitos, é considerado a **"moderna escravidão"**, um crime mundial, **silencioso** e **oculto**. Foi citado em um artigo da International Labour Organization (ILO), de 2014[36], com uma estimativa de que existam, atualmente, 25 milhões de vítimas de tráfico humano em todo o mundo. Essa prática não vê cor, sexo, idade ou classe social. Homens, mulheres e crianças estão sujeitos a serem traficados, seja com finalidade de casamento forçado, escravidão sexual, remoção de órgãos ou atividade laboral escrava[37].

A imagem da maioria das pessoas sobre o tráfico humano é aquela representada em novelas e filmes na mídia atual, em que a menina é enganada, trancafiada em cativeiro, com o objetivo de ser prostituída e sob ameaça de ter sua família e conhecidos mortos em caso de tentativa de fuga.

Essa imagem gera um mal-entendido, pois há diferença entre os crimes de tráfico humano e os de contrabando de migrantes, o que faz as próprias vítimas, como no meu caso, não acharem que estão sendo traficadas, por não terem sido sequestradas. De acordo com a UNODC[38], são dois crimes distintos, mas interligados. O tráfico de pessoas visa explorar a vítima que pode ou não ser um estrangeiro; em contrapartida, o contrabando de migrantes não envolve, por definição, a exploração do refugiado.

As vítimas do tráfico podem ser traficadas dentro de seu próprio país de origem ou internacionalmente, enquanto o contrabando sempre acontece em um país estrangeiro. Pessoas traficadas podem começar sua jornada sendo contrabandeadas para um outro país ilegalmente, sem saber a intenção do traficante de explorar, enganar

---

36 Fonte: https://www.ilo.org/global/about-the-ilo/newsroom/news/WCMS_243201/lang--en/index.htm. Acesso em 30.10.23.

37 Fonte: https://www.un.org/sustainabledevelopment/blog/2016/12/report-majority--of-trafficking-victims-are-women-and-girls-one-third-children/. Acesso em 30.10.23.

38 Escritório das Nações Unidas sobre Drogas e Crime (UNODC).

e coagir a vítima, gerando uma situação de exploração. Muitas vezes, essas pessoas usam o **elo da confiança** para conseguir convencer suas vítimas silenciosamente.

A definição oficial de tráfico humano é: "recrutamento, transporte, transferência, alojamento ou recepção de uma pessoa por meios como ameaça ou uso da força ou outras formas de coação, rapto, fraude ou engano para fins de exploração[39]". Segundo o Protocolo da ONU, o consentimento da vítima para a exploração é irrelevante quando se é usada a ameaça ou uso de força, engano, coação, abuso de poder ou situação de vulnerabilidade.

Entendo a luta das vítimas desse crime e a dificuldade de lidar com o trauma para recomeçar. Quero que se sintam acolhidas, saibam que suas dores são válidas e o que aconteceu não é sua culpa. Não deixe o passado definir e destruir seus sonhos.

Sempre fui sonhadora. Sonhava em mudar o mundo e fazer a diferença. Hoje, encontrei, em meio à escuridão, minha missão de vida. Quero ajudar outras pessoas que estejam na mesma situação de tráfico humano na qual eu estive. Tenho o desejo de me tornar embaixadora e defensora dessa causa. O livro é só o começo. Além disso, pretendo abrir um instituto voltado à conscientização do que é o crime de tráfico humano e ajudar as vítimas.

Se você desconfia que alguém esteja passando por esse tipo de situação, **denuncie**. Não tenha medo, sua identidade será preservada. Se você foi vítima desse crime bárbaro, quebre o silêncio e procure a Justiça. Sua história pode ajudar e inspirar outras pessoas. Afinal, nas palavras de Dietrich Bonhoeffer: **"o silêncio diante do mal é o próprio mal"**.

---

[39] Informações oficiais do Protocolo de Palermo das Nações Unidas sobre Tráfico de Pessoas.

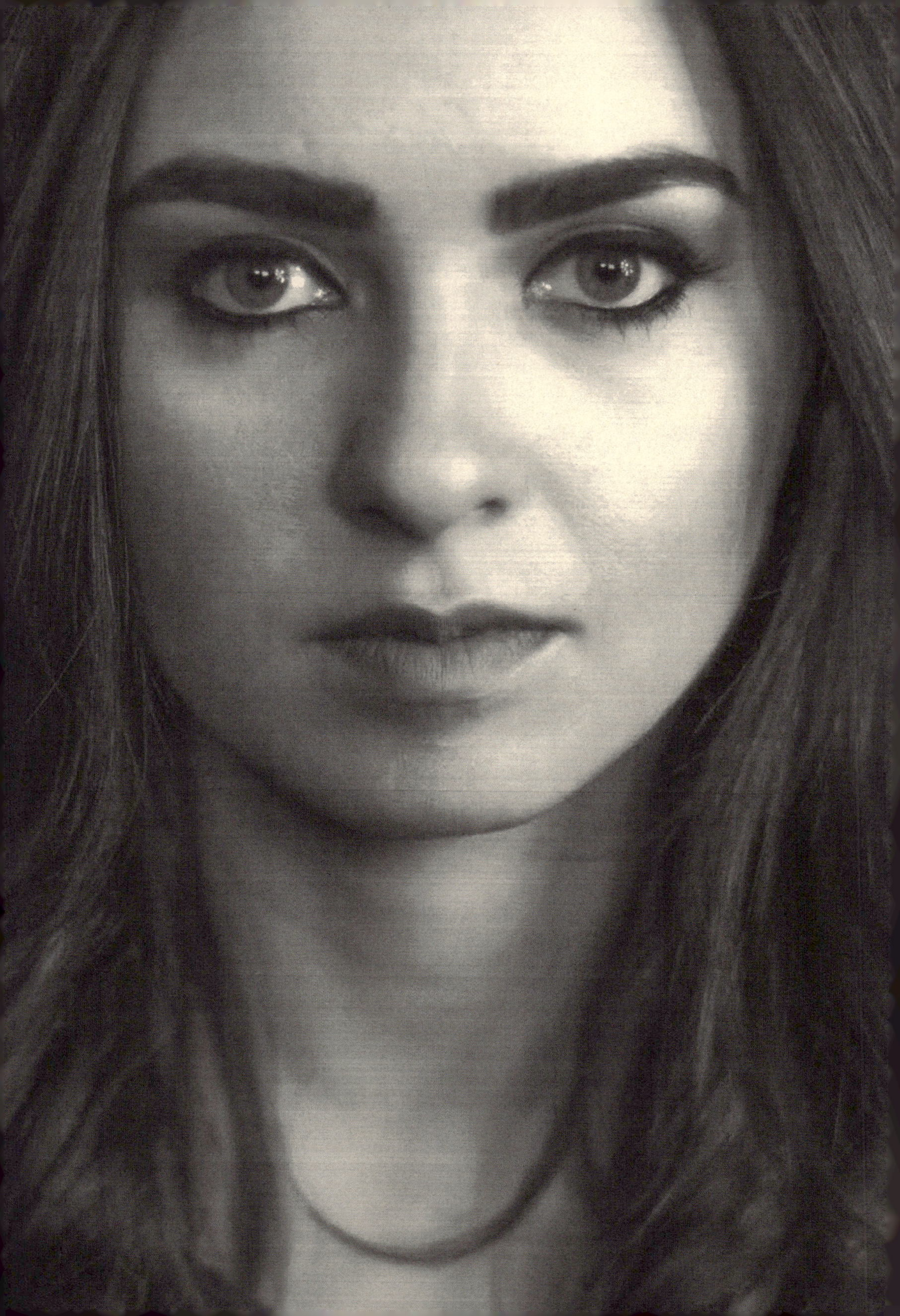

POSFÁCIO

Ao despertar pela manhã,
encontro-o ao meu lado
e um sentimento estranho
invade meu ser.
Começo a questionar
o amor que temos um pelo outro.
Mais uma vez,
passamos a noite íntima sem que
eu o desejasse verdadeiramente.
Porém, reflito e
decido não questionar nada.
Ele sempre me diz para
confiar nele,
em nosso relacionamento.
Tenho medo de perdê-lo,
de arriscar tudo.
Sinto-me suja,
mas fui criada com a crença de
que, como mulher,
devo satisfazer meu marido.
Negar-lhe o que deseja seria o
pior erro que eu poderia cometer.
Sentiria uma imensa culpa.
Ele acorda e se prepara para o
trabalho, que o levará para longe
durante toda a semana.

Beija-me e declara seu amor,
enfatizando o
amor que temos como família.
Durante essa semana,
sinto-me mais leve e bem.
Reencontro minhas amigas,
as quais não via há muito tempo.
Desde o início do nosso
relacionamento,
ele sempre desaprovou
e desconfiou delas,
afirmando que não seriam
boas influências por não
seguirem os mesmos princípios
espirituais que ele.
Ao fim da semana,
ele retorna
e decido compartilhar sobre o
reencontro com minhas amigas.
Em resposta,
sou punida.
Ele me insulta,
chamando-me de prostituta,
deixando claro que não deseja
uma mulher assim ao seu lado.
O medo me consome.

Imploro por perdão,
pois não quero perdê-lo.
Ele se cala.
Naquela noite,
a ideia de tirar minha própria vida
invade meus pensamentos.
Será que Deus compreenderia
a imensidão da minha dor?

Após ler o texto acima, não é difícil perceber que a história (criada por mim, mas muito comum) relaciona-se à de Desirrê Freitas. Muitos associam o tráfico humano à coerção física, mas poucos à **coerção psicológica**. Por conta disso, a Organização Mundial da Saúde define tráfico humano utilizando três componentes amplos. O primeiro é a ação, que envolve o planejamento para o recrutamento e a escolha da vítima; depois, os meios, que envolvem coerção, manipulação, sequestro ou força; por fim, os propósitos, que seriam sexo ou trabalho[40].

Tais componentes deixam claro que o processo de tráfico humano é mais complexo do que parece. O meio mais comum, mas talvez o menos conhecido, é o *grooming* (em português, cultivo), quando o criminoso estabelece, lentamente, uma conexão emocional com a vítima, tirando aos poucos toda e qualquer forma de defesa e, inclusive, de crítica em relação ao que se passa. Muitas vítimas defendem os criminosos, decidem retornar e, até mesmo, se apaixonam por eles, o que chamamos de Síndrome de Estocolmo.

O caso de Desirrê traz isso à tona e nos mostra que todos estamos sujeitos às mais diversas formas de abuso e manipulações. Afinal, não há o que imaginamos de "radiografia psicológica da vítima". De fato, estudos atuais mostram que, muito embora as minorias e pessoas mais vulneráveis estejam sob maior risco, todos estamos sujeitos a sermos vítimas de abuso, assédio e manipulação.

---

40 Para mais informações: https://www.unodc.org/unodc/en/human-trafficking/faqs.html.

O processo de *grooming* merece nossa atenção especial, pois coaduna com a história de Desirrê. Ele se faz comum nas mais diversas formas de relacionamentos abusivos, como tráfico humano, violência doméstica, abuso sexual e infantil, no trabalho e nas relações amorosas. De fato, alguns estudos mais recentes têm associado ambos os crimes – tráfico humano e violência doméstica – pelas suas similaridades.

O *grooming* se baseia em cinco passos[41]:

1. Seleção da vítima;
2. Ganho de acesso e isolamento da vítima, afastando-a da família, dos amigos e de todos que, de alguma forma, a protejam;
3. Criação de confiança ao manter segredos, dar presentes, abordar temáticas pessoais e trazer temáticas religiosas/espirituais;
4. Dessensibilização ao toque e aos conteúdos de cunho sexual, mostrando vídeos, falando que é comum e tentando parecer que a decisão é da vítima;
5. Tentativa do abusador de fazer o comportamento parecer natural.

Fazendo um paralelo com a história prévia, em que é mais fácil visualizarmos a nós mesmos, a mulher apaixonada, muitas vezes com uma família presente e amorosa, se envolve em uma relação em que perde sua identidade, suas conexões e sua vontade de viver. Tal relação abusiva se constrói dia após dia e não de uma hora para a outra. Algumas vezes, como nesses dois casos, envolvem questões religiosas – fonte primária de suporte e apego para a maioria das pessoas, muitas vezes maior do que a própria família. Em outras, todas as formas de crença, suporte e conexão que o outro possa ter.

---

[41] Veja mais em: https://www.rainn.org/.

Dia após dia, algo se perde com a promessa de algo maior, mas que nunca chega. É importante que todas as pessoas estejam cientes de algumas técnicas de abusos que são utilizadas:

1. *Gaslighting*: o abusador faz a vítima questionar suas próprias crenças e valores;
2. Projeção: o agressor culpa a vítima pelo próprio comportamento;
3. Triangulação: consiste em trazer outras pessoas que concordam passivamente com o pensamento ou o comportamento do abusador;
4. Afastar a vítima das pessoas que ama;
5. Controlar o dinheiro da vítima;
6. *Name-calling*: criticar repetidamente as palavras e os atos da vítima;
7. Usar generalizações, como, por exemplo: "todos fazem isso, é normal";
8. *Love bombing*: impulsos de extremo amor, afeto, atenção e presentes;
9. Conhecer profundamente a vítima e saber brincar com suas inseguranças;
10. Usar o tratamento do silêncio para punir a vítima e fazê-la se sentir culpada;
11. Usar comportamento passivo-agressivo, que é a capacidade de criticar e punir sutilmente;
12. Usar ameaças sutis, como: "tenho armas";
13. Tratar a vítima como uma criança;
14. *Guilt-trips*: o abusador usa os sentimentos para manipular, fazendo a vítima sentir-se culpada;

15. Usar força e ameaças verbais formais.

Um outro ponto importante a ser evidenciado é o efeito profundo de uma manipulação baseada em crenças religiosas e/ou espirituais. *Coaches*, líderes espirituais e, potencialmente, líderes políticos se utilizam das crenças de outra pessoa para aumentarem sua capacidade manipulativa. Kat Torres, João de Deus e padres acusados de pedofilia são exemplos concretos e atuais do que estamos tratando.

Diversos estudos, ao longo dos últimos anos, vêm apontando para os efeitos positivos que a vivência da espiritualidade e a religiosidade têm para a saúde mental. Inclusive, tenho um livro evidenciando tais achados, publicado atualmente em inglês. A meditação, a oração, as práticas religiosas e espirituais, as vivências de valores, como gratidão, compaixão e perdão têm impacto positivo na saúde mental e na busca de uma vida com mais valor e sentido.

Entretanto, devemos nos atentar cada vez mais ao uso de técnicas ligadas a isso por pessoas descapacitadas e, principalmente, com elevado grau de perversidade. A perversidade é o desejo de fazer mal ao outro e pode se apresentar de forma consciente ou inconsciente, como em indivíduos extremamente narcisistas, que pensam apenas no próprio bem-estar. É importante que convivamos com pessoas próximas, que nos amem de fato, para nos atentar sobre a aproximação de tais indivíduos.

Por fim, é importante falarmos das consequências devastadoras na saúde mental. Ao final do capítulo 4, Desirrê diz: "Passei a ter sintomas depressivos, ansiosos, de estresse pós-traumático e pensamentos suicidas". Estudos evidenciam isso: sobreviventes de tráfico humano estão mais sujeitos a desenvolverem sintomas depressivos (cerca de 80%), ansiosos (cerca de 74%) e de estresse pós-traumático (cerca de 60%). Há um elevado risco de suicídio, com cerca de 20% das vítimas tentando suicídio após o tráfico, e 40% durante o processo abusivo.

Muitos estudiosos, entretanto, reforçam o conceito de trauma complexo, que envolve mudanças importantes na personalidade da vítima após o processo de abuso. Trauma complexo é muito comum em pacientes que sofreram com violência doméstica e outras formas de abuso contínuo, em processos nos quais os traumas são continuamente introduzidos e normalizados na vida do indivíduo. É importante ressaltar que a normalização é o desejo primário dos abusadores, que querem a normalização de certos comportamentos, práticas e atitudes. No caso de Desirrê, isso aconteceu com algo que muitos não pensariam: a prostituição. Entretanto, em nossa rotina, existem diversas normalizações: xingamentos, críticas, negligências e outras formas de abusos.

Ainda há muito a ser feito para evitarmos a ocorrência desse crime bárbaro e cruel. Porém, espero profundamente que este texto ajude Desirrê e outras tantas vítimas de abuso, assédio e manipulações diversas a buscarem auxílio, reflexão e cura. Cura no sentido de ressignificar o que foi vivido, buscando juntar as peças quebradas, fazendo do quadro anterior um lindo mosaico, que pode ser maravilhoso mesmo com quebras e rachaduras. Essa é a imagem que melhor retrata a beleza do ser humano.

Por Dr. Rodolfo Furlan Damiano
Psiquiatra e Doutor/PhD – Faculdade de
Medicina da USP

REFERÊNCIAS CIENTÍFICAS

BRYANT, K.; LANDMAN, T. Combatting human trafficking since Palermo: what do we know about what works?. **Journal Of Human Trafficking**, [s.l.], v. 6, n. 2, p. 119-140, 1 mar. 2020.

CUNHA, A.; MARTINHO, G.; GONÇALVES, M.; MATOS, M. Addressing the psychological trauma in human trafficking victims: a brief review. **Psychological Trauma**: Theory, Research, Practice, and Policy, [s.l.], v. 15, n. 6, p. 1051-1055, set. 2023.

DAMIANO, R. F.; COSTA, L. A.; VIANA, M. T. S. A.; MOREIRA-ALMEIDA, A.; LUCCHETTI, A. L. G.; LUCCHETTI, G. Brazilian scientific articles on "Spirituality, Religion and Health". **Archives Of Clinical Psychiatry (São Paulo)**, [s.l.], v. 43, n. 1, p. 11-16, fev. 2016.

KOENIG, H. G. **Espiritualidade no cuidado com o paciente**: por que, como, quando e o quê. 3. ed. São Paulo: FE; 2018.

LEDERER, L. J.; WETZEL, C. A. The health consequences of sex trafficking and their implications for identifying victims in healthcare facilities. **Annals Of Health Law**, [s.l.], v. 23, n. 1, p. 61-91, jan. 2014.

LUCCHETTI, G.; PERES, M. F. P.; DAMIANO, R. F. (ed.). **Spirituality, Religiousness and Health**: from research to clinical practice. [s.l.]: Springer, 2019.

PACIFIC, The Lancet Regional Health – Western. Human trafficking is more than a crime. **The Lancet Regional Health - Western Pacific**, [s.l.], v. 20, p. 100444, mar. 2022.

REZENDE-PINTO, A. de; SCHUMANN, C. S. C.; MOREIRA-ALMEIDA, A. Spirituality, Religiousness and Mental Health: Scientific Evidence. In: LUCCHETTI, G.; KOENIG, H. G.; LUCCHETTI, A. L. G. **Spirituality, Religiousness and Health**: from research to clinical practice. [s.l.]: Springer, 2019. p. 265.

SAMPSEL, K.; DEUTSCHER, J.; DUCHESNE, E. Intimate partner violence and human trafficking. **Emergency Medicine Clinics Of North America**, [s.l.], v. 41, n. 1, p. 101-116, fev. 2023.

STEVENS, S.; ACKER, S.; GREEN, K.; SWALES, S.; FULMER, H. M.; FORTINSKY, R.; NICHOLAS, P. K. Understanding the mental health impact of human trafficking. **Journal Of The American Association Of Nurse Practitioners**, [s.l.], v. 31, n. 12, p. 699-704, dez. 2019.

WRIGHT, N.; JORDAN, M.; LAZZARINO, R. Interventions to support the mental health of survivors of modern slavery and human trafficking: a systematic review. **International Journal Of Social Psychiatry**, [s.l.], v. 67, n. 8, p. 1026-1034, 25 ago. 2021.

O QUE ACONTECEU COMIGO, SEGUNDO O RELATO DE PESSOAS PRÓXIMAS:

MÃE

Desirrê foi criada e educada em um lar cristão e estudou na mesma denominação religiosa. Aos seis anos, descobrimos que estava com leucemia. Foram dois anos e meio de quimioterapia, várias internações, procedimentos e muitas incertezas, mas Deus estava no controle. Após seu tratamento, seus exames sempre estiveram normais.

Desirrê sempre foi inteligente, dedicada nos estudos, gentil, amável, sincera e determinada. Fez aulas de piano e *kickboxing* por quatro anos, e curso de inglês por cinco. Até os 16, cantava no coral, mas revelou que não estava feliz na igreja. Respeitamos sua decisão. Aos 17, ela se formou no ensino médio e foi realizar o sonho de fazer intercâmbio em Vancouver, no Canadá. Ficou quase um ano, até retornar ao Brasil. Após seis meses, voltou para Vancouver para estudar e trabalhar.

No Canadá, conheceu seu esposo. Foram dois anos de namoro e, durante esse tempo, os pais dele os visitavam, passando o mês de férias com eles. O casal decidiu se casar e mudar para a Alemanha, mas antes Desirrê voltou ao Brasil para nos visitar.

Em março de 2018, ela embarcou para a Alemanha pela primeira vez. Eles se casaram, tinham uma vida estável e viviam felizes. As famílias tinham uma relação harmoniosa. Em março de 2021, eles estavam bem, inclusive comemoraram o aniversário na casa dos sogros.

Em abril de 2021, ela nos comunicou que estava se divorciando. Eu entrei em choque por achar sua decisão precipitada, ainda mais por não me dizer o motivo. Após seu divórcio, Desirrê continuou morando e trabalhando em Berlim. Nós nos comunicávamos com frequência e ela sempre contava os detalhes de sua nova vida.

Meses depois, Desirrê começou a namorar um americano e ela o apresentou por chamada de vídeo. Os dois estavam felizes.

Em 2022, especificamente no mês de abril, percebemos que Desirrê foi se fechando. Sentíamos que algo estava acontecendo. Ao indagá-la se os motivos eram questões de saúde ou se alguém a havia magoado, ela só negava, com respostas curtas. Sempre evitava falar ao telefone, dando a desculpa de que estava trabalhando muito.

No começo de setembro de 2022, fui questionada por uma de suas amigas se não havia percebido um comportamento diferente de Desirrê. Essa amiga me mandou imagens de um perfil em uma rede social, dizendo que Desirrê havia saído da Alemanha para morar nos Estados Unidos com um casal e tinha entrado para uma seita satânica.

Nesse momento perdi o chão. Como entender e/ou aceitar tamanha mudança em minha filha? Decidindo sair de um país onde tinha visto de trabalho para outro, sem nos comunicar e nem pedir opinião?

Imediatamente entrei em contato com o Ministério das Relações Exteriores, relatei o que estava acontecendo e enviei as imagens. Fui orientada a manter contato com Desirrê e não deixar esse canal de comunicação se fechar. Foram dias de muita angústia, medo e incertezas. Não sabia onde ela estava e o que estava acontecendo.

Segui todas as instruções das autoridades e mantive contato, mas Desirrê continuou dizendo que estava na Europa. Era como se ela estivesse em um sonho, perdida em uma fantasia, vivendo uma **utopia**.

Então, em 1º de novembro de 2022, soube que ela tinha sido presa nos EUA. Foi um susto enorme, quase desmaiei. Fui tomada por angústia e medo. Foram muitas as minhas perguntas a Deus, mas me mantive confiante. Sabia que Desirrê retornaria, mas machucada emocionalmente, quebrada economicamente e só o tempo curaria suas feridas.

Ficamos sabendo que, para Desirrê retornar ao Brasil, precisaria de uma passagem especial, que era mais cara e o prazo para compra era curto. Caso contrário, seria deportada e esse processo poderia levar meses. Isso foi outra grande preocupação, pois não tínhamos condições financeiras para arcar com tais despesas naquele momento. Porém, uma amiga de Desirrê e um familiar foram solidários e nos ajudaram nesse momento delicado. Cada etapa do processo de seu retorno ao Brasil foi dolorosa e angustiante, mas a união e a ajuda de todos fizeram a diferença!

Foi muito duro e difícil recebê-la no aeroporto, ela estava assustada e muito traumatizada. Seu rosto não tinha expressão e chegou com a roupa do corpo. Desirrê perdeu seus pertences pessoais, a dignidade, a identidade e o poder de expressão.

Quando foi para a Alemanha em 2018, levou malas, presentes e muitos sonhos. Retornou ao Brasil sem nada, nem mesmo seus documentos. Foi um período muito desafiador, mas sentia paz dentro de mim. Desirrê retornou e pudemos RECOMEÇAR!

Ela adotou o nome de Camila, pois não queria ser identificada e tinha medo de ser reconhecida na rua. Eu sempre esquecia e a chamava pelo nome, o que a deixava irritada. Por semanas, ela se isolou, não saía do quarto. Não queria ver e nem conversar com ninguém. Minha maior preocupação era com seu interior, suas emoções e sua dignidade.

Estamos ainda em um processo de reconstrução. Desirrê está se esforçando para ressignificar sua vida. Nós, sua família, procuramos respeitar seu momento e espaço, com carinho e acolhimento. Acredito que no processo de criação desta obra literária, Desirrê reviveu sua dor e com certeza doeu muito, mas o caminho para curar uma ferida é doloroso. Nunca passou pelos meus pensamentos que minha filha poderia ser vítima de uma manipulação, mas aconteceu.

Deixo um alerta a todos, pois não estamos imunes a crimes. Eles são reais e podem nos atingir. Porém, penso que o segredo é a fé em Deus, que tudo vê e tudo pode resolver. Sou grata a todos que, de alguma forma, ajudaram e foram usados por Deus para que Desirrê fosse encontrada, retornando ao Brasil em segurança.

RYAN

Desirrê sempre demonstrou um forte compromisso com seu crescimento profissional. Esforçava-se para obter destaque tanto em sua carreira quanto em nosso relacionamento.

Quando me informou sobre sua decisão de ir ao Texas, tentei alertá-la em relação a Kat Torres, questionando se estaria sob influência de manipulação. Porém, manteve-se firme e saiu sem olhar para trás.

Em busca de respostas, decidi ler suas conversas. Descobri que Kat havia orquestrado um plano para que Desirrê trabalhasse em um clube de *striptease* local e também usasse outros meios para solicitar dinheiro de homens. Desirrê, na época em que a conheci, nunca se envolveria ou participaria desse tipo de conduta.

Naquele momento, pensei que ela estava sofrendo uma lavagem cerebral, tendo sido coagida por Kat a participar de tais atividades. Por isso, tive o entendimento de que havia pouco que eu pudesse ter feito para impedir sua partida, sem ter intervindo fisicamente.

Em maio, acionei a Imigração dos Estados Unidos para expressar minha preocupação com o bem-estar de Desirrê e a possibilidade de ela ser vítima de tráfico sexual, devido ao que considerei ser uma prática de *grooming* por parte de Kat.

Nos meses seguintes, notei que Desirrê havia deletado suas contas em redes sociais. Essa ausência de comunicação me levou a temer o pior, presumindo que nunca mais teria notícias suas. Até que um raio de esperança surgiu no final de 2022 e, para meu imenso alívio, descobri que ela estava viva e bem.

Desirrê e eu tivemos conversas sinceras e pude sentir que ela carregava profundas cicatrizes emocionais de suas experiências. Foi uma mudança marcante em relação à pessoa feliz e alegre que eu conhecia. Gostaria de ter conseguido evitar os trágicos acontecimentos que ela experienciou.

PATRÍCIA BERTOLDO

Entre a luz e a ilusão: a história de Desirrê pelos olhos de sua amiga

Conheci Desirrê em 2016, em Vancouver, no Canadá. Trabalhávamos juntas em um restaurante de luxo no centro da cidade. Compartilhávamos atividades e confidências. Apesar da diferença de idade, sempre a vi como uma pessoa madura e determinada. Desirrê trabalhava duro e, nas horas livres, se esforçava para cuidar de sua mente, buscando evolução espiritual. Ela investia em cursos de desenvolvimento pessoal, pois tinha o sonho de abrir o próprio negócio. Dedicava-se muito a esse objetivo.

Por meio de Desirrê, conheci Kat Torres em 2018. Realizei uma consulta, mas logo percebi que ela não agregaria em minha vida. Fiz diversas perguntas e suas respostas eram vagas, seu comportamento me parecia arrogante. Ao terminar a consulta, tentei alertar Desirrê sobre o comportamento estranho de Kat. Também observava sua conduta nas redes sociais, o que me causava estranheza, pois muitas vezes promovia ódio e hostilidade entre as pessoas.

Porém, Desirrê já estava encantada com Kat e optou por não ouvir meus conselhos. No início da pandemia, Desirrê e seu marido se mudaram para a Alemanha e, alguns meses depois, fiquei surpresa ao saber que ela estava se separando, alegando que seu marido teria lançado feitiços contra ela, segundo Kat. Essa situação me deixou em choque, já que eu conhecia muito bem Matthias e sempre o vi tratá-la com amor, carinho e respeito.

Desirrê costumava mencionar problemas no casamento, mas nada que justificasse o divórcio. Todos os casais passam por problemas, especialmente os mais jovens, mas sempre a encorajava a buscar soluções juntos, porque sabia que eles se amavam. No entanto, Desirrê estava determinada a se separar, seguindo os conselhos de sua guru. Isso me deixou preocupada, especialmente ao saber que Desirrê deveria submeter seus novos encontros à aprovação dela.

Lembro de um episódio que me chocou profundamente. Desirrê foi a um encontro e chegou atrasada. O rapaz a tratou com hostilidade, deixando-a muito chateada. Ela ligou para Kat para contar o que havia acontecido e foi aconselhada a ligar para o rapaz e se desculpar, alegando que ele era o homem ideal para ela, pois A Voz havia falado.

No final de março de 2022, Kat começou a pedir dinheiro aos seus seguidores nas redes sociais, alegando que havia sido sequestrada pelos russos. Desirrê me contou em uma ligação que Kat também pediu dinheiro a ela, porém Desirrê tentou confrontá-la para entender o que estava acontecendo e, em vez de esclarecer, Kat a tratou mal e a bloqueou. Lembro de Kat falando mal de Desirrê para seus seguidores, o que a levou às lágrimas.

Em abril de 2022, vi uma publicação da guru, apresentando Desirrê e outras garotas como as novas "bruxas" que trabalhariam para ela. Imediatamente, entrei em contato com Desirrê, questionando sua decisão de trabalhar com aquela pessoa. Não recebi resposta. Uma semana depois, liguei novamente e ela me disse que não queria mais falar comigo se eu continuasse falando mal de Kat.

A situação me deixou muito chateada e brigamos. Horas depois, fizemos as pazes. Sabia que Desirrê planejava se mudar para os Estados Unidos com Ryan e perguntei sobre a data da viagem. Ela me surpreendeu ao dizer que já estava no Texas e que tinha muitas novidades, mas eu não conseguia mais ouvir o nome de Kat Torres.

Uma semana se passou e descobri que Desirrê havia excluído sua conta das redes sociais e me bloqueado dos aplicativos de mensagens. Tentei enviar um e-mail, mas também não obtive resposta. Fiquei cada vez mais preocupada, até que contactei o ex-marido de Desirrê, mas ninguém tinha notícias.

Um tempo depois, uma amiga em comum entrou em contato comigo, marcando o início de um esforço conjunto para entender o que estava acontecendo com Desirrê e o motivo de ter se afastado de todos que a conheciam.

Quando entramos em contato com Kat e perguntamos sobre o paradeiro de Desirrê, ela nos bloqueou. Outras amigas também tentaram contactar Kat e todas foram bloqueadas, tendo seus comentários apagados. A situação parecia suspeita e começamos a investigar.

Decidimos criar uma conta, chamada *@searchingdesirre*, em uma famosa rede social para obter ajuda, pois não tínhamos notícias e estávamos preocupadas. Começamos a receber informações alarmantes, além de relatos de mulheres que foram vítimas de Kat, tanto financeira quanto emocionalmente, o que nos levou a temer sobre a possibilidade de Desirrê estar em uma seita, sofrendo com tráfico humano ou prostituição.

Depois que nossas postagens começaram a se espalhar, Desirrê enviou um vídeo estranho, no qual parecia estar sendo controlada por Kat, pedindo que parassem de procurá-la. Ela estava pálida, com os cabelos loiros e uma expressão vazia, parecendo robótica. Desirrê enviou uma mensagem pedindo que desativássemos a conta *@searchingdesirre*, mas não o fizemos.

Desirrê, então, criou uma conta nessa rede social e começou a postar vídeos xingando as pessoas e pedindo que parassem as buscas. O tom de suas palavras era semelhante ao das de Kat. Desirrê inclusive usava os mesmos termos, como "demônios" e "*haters*", acusando-os de tentar destruí-la. Após recebermos capturas de tela em que Kat mencionava que Desirrê cometeria suicídio se não parássemos, desativamos a conta por medo.

No entanto, reativamos tempos depois, porque continuamos não tendo notícias de Desirrê. O desaparecimento dela se espalhou e muitas pessoas queriam ajudar a encontrá-la. O caso ganhou mais atenção quando uma pessoa muito famosa no Brasil foi acusada de tráfico humano por Kat.

Depois disso, finalmente Desirrê reapareceu, mas não era mais a mesma. O perfil @searchingdesirre estava recebendo inúmeras denúncias de supostas vítimas de Kat Torres, que tentou se vingar. Começou a fazer ameaças e difamações contra mim e meus filhos, que são menores de idade, incluindo publicações com fotos deles e legendas falsas, alegando que estavam envolvidos em prostituição. Kat também publicou nossas informações pessoais, como endereço e telefone. Minha vida estava um caos!

Após várias tentativas de convencê-la a tirar as fotos dos meus filhos das redes sociais, sem sucesso, decidi denunciá-la às autoridades competentes.

Com o perfil de Kat Torres fora do ar e anunciada sua prisão no Maine, Desirrê finalmente ficou livre de suas manipulações.

Hoje, sigo minha vida em paz, esperando que a justiça seja feita em nome de todas as vítimas da falsa guru.

LISA[42]

Conheci Desirrê em Vancouver, no Canadá, em 2014, pois frequentávamos a mesma escola. Encantei-me logo com ela, que iluminava o ambiente por onde passava com sua gentileza, simpatia, doçura e amizade.

Desirrê era querida por todos, de sorriso fácil e com um coração enorme, sempre disposta a escutar e ajudar o próximo. Compartilhávamos o mesmo sonho de aprender uma nova língua, uma nova cultura e imigrar para o Canadá.

Infelizmente, precisei voltar para o Brasil, mas Desirrê continuou lá. Conheceu seu ex-marido e mudou-se para a Alemanha. Mesmo distantes, nos falávamos sempre e dividíamos nossas conquistas.

No começo de setembro de 2021, Desirrê me enviou uma *live* da qual participou com a falsa guru. Confesso que achei estranha a forma como ela se referia à Desirrê, diminuindo-a em um primeiro momento. Achei estranho também que Desirrê dizia que era para acreditarem em tudo o que a guru dizia, pois as consultas com ela funcionavam. Fiquei um pouco desconfiada, mas preferi não falar nada. Estava grávida de nove meses e só pensava no bebê, temia a hora do parto. Dias depois, meu filho nasceu, Desirrê me parabenizou e continuamos nossa amizade normalmente.

Passaram-se alguns meses e não a achei mais nas redes sociais. Mandei mensagens e e-mails que nunca foram respondidos. Um tempo depois, lembrei que tinha assistido a um vídeo de uma *influencer*, no qual alertava sobre gurus "curandeiras". Algo me alertou que essa tal guru poderia estar relacionada com o sumiço da Desirrê.

Decidi, então, reassistir a *live* e fiquei realmente preocupada. Liguei para algumas amigas e todas diziam também estar sem

---

42 Nome fictício.

contato com ela. Reunimo-nos para tentar entender o que estava acontecendo e o motivo para ela parar de falar com todos à sua volta.

Em abril de 2022, encontramos o perfil dessa mulher em uma famosa rede social e, em sua página, constava uma foto de Desirrê e de outras meninas. Ela as apresentava como suas novas "bruxas".

Analisando seu perfil mais profundamente, me deparei com vídeos gravados, nos quais afirmava que Desirrê tinha um "chamado". O segundo vídeo era intitulado: "DESIRRÊ FREITAS NEEDS TO SPEAK THE WORD IN GERMAN"[43], citando nomes de outras mulheres também.

Em setembro, mandamos uma mensagem perguntando sobre Desirrê e ela nos bloqueou. Outras amigas também perguntaram e foram bloqueadas, tendo seus comentários apagados. Achamos bem suspeito. Então, começamos a pesquisar mais a fundo para ver quem ela era.

A guru dizia ajudar as pessoas por meio de uma Voz e, assim, ensinava as pessoas a alcançarem seus objetivos. No seu site de "curas", prometia evolução espiritual, revolução na carreira e nas finanças, além de trazer a pessoa amada.

Sem nenhuma formação profissional, incentivava clientes a pararem de usar medicação e afirmava que todas as doenças eram psicológicas. Isso me deixou preocupada, pois Desirrê havia falado na *live* que estava doente fisicamente, mas que teria melhorado após suas consultas.

Um perfil em uma rede social foi criado para buscar mais informações sobre seu paradeiro: o @*searchingdesirre*. Por lá, recebemos muitos relatos de pessoas, principalmente mulheres, que foram lesadas financeiramente e/ou psicologicamente por essa guru, enquanto outras foram até ameaçadas e expostas.

---

43 "Desirrê Freitas precisa falar a palavra em alemão".

O que poderia estar acontecendo para que Desirrê ficasse incomunicável com todas as pessoas? Por que deletar todas as redes sociais? Ela estaria trabalhando para a tal guru em quais condições?

Em um primeiro momento, acreditamos que poderia estar em algum tipo de seita espiritual.

Assistimos aos vídeos da guru inúmeras vezes e, observando as redes sociais, ficou notório o quanto ela era autoritária e manipuladora.

Após nossas primeiras postagens no *@searchingdesirre*, a guru nos enviou um vídeo muito estranho de Desirrê, no qual nos mandava parar as buscas para deixá-la em paz.

Ela estava com seus cabelos tingidos de loiro, piscava sem parar, falava sem expressão, estava pálida, robótica e parecia estar sendo coagida. No momento em que falava que estava feliz, virava a cabeça para o lado, como se negasse a própria fala. Esse vídeo nos preocupou ainda mais, pois todos que assistiram sabiam que aquela não era a Desirrê.

Muitas coisas aconteceram no final de 2022, foi tudo muito rápido. Foi um período caótico, mas felizmente o pesadelo passou. Durante todo esse tempo, tive um profundo sentimento de culpa pela criação do perfil e exposição de Desirrê, pois sei que ela sempre foi muito reservada.

No entanto, é fundamental destacar que minha intenção nunca foi expô-la; sempre agi com as melhores intenções, movida por uma genuína preocupação com a possibilidade de que ela estivesse em perigo.

O ano em que vivi no Canadá foi um dos momentos mais maravilhosos da minha vida, por tudo que aprendi e também pelas amizades que fiz. Desirrê faz parte dessas memórias. Meu carinho por ela é enorme e só desejo seu bem. Espero que se recupere de tudo que passou e siga sua vida, feliz.

LUZER TWERSKY

Eu era amigo e colega de quarto de Kat Torres e fui surpreendido ao ver as notícias de 2022. Queria saber o que tinha acontecido e decidi buscar o perfil público de Desirrê Freitas nas redes sociais e, em fevereiro de 2023, fiz o primeiro contato.

Conheci Kat em 2014, por meio de amigos em comum em uma escola de artes cênicas, em Nova York. Fui convidado para uma festa em seu luxuoso apartamento, localizado em um hotel cinco estrelas em Manhattan. Fiquei impressionado com seu estilo de vida extravagante e me perguntei de onde vinha o recurso para sustentar aquele império.

Kat me contou sobre seu sonho de se tornar atriz em Hollywood e, em busca de seus objetivos, ela iria para Los Angeles. Convidou-me para morar com ela, garantindo a mim o não pagamento de aluguel ou qualquer despesa com a casa.

Decidi aceitar sua oferta e moramos juntos em 2015 e 2016. Seu apartamento era localizado em um complexo residencial exclusivo e de alto padrão, acentuando ainda mais o seu estilo de vida luxuoso.

Kat não tinha emprego fixo e sempre que o vencimento do aluguel estava próximo, um envelope contendo altas quantias de dinheiro chegava durante a madrugada em nosso apartamento. Eu estava em uma posição privilegiada, por isso, decidi não questionar a origem do dinheiro, que até hoje é desconhecida por mim.

Sempre saíamos juntos e, entre nossas conversas, fiquei sabendo que ela tinha relacionamentos com homens ricos. Uma outra amiga até mencionou um oligarca russo. Certa vez, Kat chegou a me propor casamento de conveniência para facilitar sua aquisição do *green card*, considerando minha cidadania americana.

Em outra ocasião, durante uma viagem a Londres, Kat me convidou para visitar um clube privado. Embora não fosse explicitamente um clube de *strip*, era um local onde homens ricos e mulheres atraentes podiam interagir e, potencialmente, chegar a acordos.

Logo após essa viagem, Kat passou por problemas pessoais, sua mãe faleceu e ela passou por uma cirurgia de retirada de seio, precisando se afastar do trabalho. Acredito que isso a fez mudar sua rota profissional. Lembro-me de que, após esse período, Kat decidiu se tornar *coach*.

Sua mudança foi drástica e logo ela começou a ter contato com Ayahuasca. Eu percebi sinais e comportamentos estranhos, mas nunca imaginei que tais ações poderiam ter consequências catastróficas, como as acusações que está enfrentando.

Sobre os fatos narrados neste livro e que vitimaram a autora, cumpre destacar a existência de um processo judicial em face da Sra. Katiuscia Torres, que tramita em segredo de justiça. Todas as informações reproduzidas neste livro remontam exclusivamente às experiências pessoais vivenciadas pela autora. Nenhum outro detalhe do processo foi divulgado em respeito ao sigilo. Até a publicação da presente obra, Desirrê permanece aguardando por justiça, esperando pela devida responsabilização da Sra. Katiuscia Torres pelos crimes dos quais foi vítima. Em relação às demais vítimas, os fatos ora narrados seguem sendo apurados em autos apartados pelas autoridades brasileiras e americanas competentes.

Dra. Thaís Marcelino Resende
Advogada Criminal. Pós-graduanda em Direito Penal e Criminologia pela PUC/RS. Sócia do KTM Advocacia Criminal

assessoriadesirrefreitas@gmail.com

11 9.7651-4243

@desirre.freitas

www.desirrefreitas.com